CATALOGUE DE CARTES GÉOGRAPHIQUES

DES

MEILLEURS AUTEURS

qui se trouvent à vendre

CHEZ

BAUER & COMPAGNIE

LIBRAIRES

STRASBOURG

Rue dite

FLADERGASSE.

1776.

AVEC PERMISSION.

Prix de ce Catalogue 4. sols.

AVERTISSEMENT.

Toutes les Cartes de Homann, de Seutter &c. auxquelles il n'y a point de prix appofé, fe vendent à raifon de *dix Sols* la feuille.

La petite Etoile (*) indique quelques-unes des Cartes qui font de format excédant la grandeur ordinaire.

NACHRICHT.

Alle Homannifche, Seutterifche und andere Land-Charten, bey welchen kein Preis ftehet, werden um zehn Sols *das Blatt* verkaufet.

Das Sternchen (*) bezeichnet einige Charten, fo gröfser find als das gewöhnliche Landcharten-Format ift.

A.

Abiſſinie, Nubie, Egypte, (*voyez* Ægyptus.)
Achaia Vetus & Nova Wheleri.   Homann.
Ægyptus hodierna. (*Egypte.*)   Idem.
———— *la même, par Richard Pockocke.*
   2 L.   *Covens & Mortier.*
———— *Carte de l'Egypte, de la Nubie, de l'Abiſſinie, par de l'Isle.* 1 L.   *les mêmes.*
———— *Egypte,* ou *Miſſir.* II. *feuilles* 1765.
   2 L. 10 ſ.   *par d'Anville.*
Æthiopia ſeu Guinea. (*voyez* Guinea.)
Africa (*Afrique*) Haſii 1737.   Homann.
———— cum Deſcriptione ſynoptica Haſii.
   1737.   1 L. 10 ſ.   Idem.
———— ſecundum Religiones. 1737. 1 L. Idem.
Afrique 1769.   1 L.   *Janvier.*
———— *la même par de l'Isle* 1 L. 4 ſ. *Covens & Mortier*
———— *la même par de l'Isle.* 1 L. 10 ſ.   *Buache.*
———— *la même*   1 L. 16 ſ.   *par Vaugondi.*
* ———— *la même* 1749. II. *feuilles doubles*
   5 L. 10 ſ.   *par d'Anville.*
———— *méridionale, ou le pays entre la Ligne & le Cap de bonne eſpérance, & l'Isle de Madagaſcar. par de l'Isle.* 1 L.   *de Leth.*
———— *Françoiſe, ou Sénégal, par de l'Isle.*
   1 L. 4 ſ.   *Covens & Mortier.*
———— Tabula geographica in Notitiam eccleſiaſticam Africæ, par de l'Isle. 15 ſ. Ottens.
Aggerhus, *Province Danoiſe en Norwege.*   Homann.
Aichſtædt, Principatus ſeu Epiſcopatus.   Idem.
Aichſtædt, *les Environs de cette ville.*   Homann

Albania, (*voyez* Græcia Septentrionalis.)
Allemagne, (*voyez* Germania.)
* *les Alpes, Montagnes, où sont remarqués les*
  passages de France en Italie, le Duché de
  Milan &c. II. feuilles. 3. L. Covens & Mortier.
Alpes Glaronenses per Scheuchzer. 1 L. 10 s. Idem.
* *Alsace en VI. grandes feuilles par l'Academie*
  Royale des Sciences de Paris 1771. 27 L. Cassini.
Alsace, par le P. Laguille. III feuilles. 1 L. Doulsecker.
* *Alsace en V. feuilles.* 5 L. per le Rouge.
Alsatia superior & inferior cum Suntgovia.
   II. Tabb. Homann.
——— ——— in eadem Tabula. Homann.
Altenburg & Ronneburg, *Préfectures en Saxe.*
   (*voyez aussi* Gotha.) Seutter.
Ambrun, Briançon, (*voyez* Briançon.)
Americæ Mappa generalis per Hasium. 1746. Homann.
Amerique par de l'Isle. 1 L. 4 s. Covens & Mortier.
——— *la même par de l'Isle.* 1 L. 10 s. Buache.
——— *la même* 1746. 1 L. par le Rouge.
——— *la même* 1 L. par Janvier.
America secundum Religiones. Homann.
Amerique meridionale. 1757. 2 L. Covens & Mortier.
Amerique meridionale, par de l'Isle. 1 L. 4 s.
                                         Covens & Mortier.
* ——— *la même en III. feuilles.* 1743. 6 L.
                                         par d'Anville.
America septentrionalis, secundum d'Anville.
   1756. Homann.
——— ——— (Dominia Anglorum per
   Moll.) II. Tabb. Idem.
——— ——— (Belgium Novum.) Seutter.
Americæ septentrionalis Urbes *Louisbourg,*
   Quebec, Hallifax. 1756. Homann.
America septentrionalis, Anglia Nova, (*voyez* Anglia)
Amerique septentrionale, 1757. 2 L. Covens & Mortier.
——— *la même, par de l'Isle.* 1 L. 4 s. les mêmes.
* ——— *la même.* 1755. 3 L. 10 s. par Bellin.
——— *la même, suivant la Carte de Pople.*
   1742. 1 L. par le Rouge.

* *Amerique septentrionale*, par le Docteur Mitchel. 1756. VIII. feuilles. 8 L.   le Rouge.
———— *la même, découvertes faites par les Russes en Amerique septentrionale.* (*voyez* Russia.)
* ———— *la même, deux feuilles doubles.* 1746. 5 L. 10 f.   par d'Anville.
———— *la même en* II. *feuilles par Rode.* 4 L.   Acad. de Berlin.
Amiens, Généralité. (*voyez* Picardie.)
Amstelland, *ou les Environs d'Amsterdam.* 2 L. Covens & Mortier.
Angleterre (*voyez* Anglia.)
    (*voyez aussi* Britannia Magna.)
Angliæ Regnum, *Angleterre.*   Homann.
———— idem.   Seutter.
———— *la même par Tillemont.* 1 L.   Nolin.
———— *la même.* 1 L. 16 f.   par Vaugondi.
Anglia Nova in America.   Homann.
Anjou & Touraine, *par de l'Isle.* 1 L. Cov. & Mortier.
Anspach, *Principatus, per M. Ferd. Cnopf.* 1763.   Homann.
———— *Plan de la ville d'Anspach.*   Homann.
Antilles françoises & les Isles voisines, *par de l'Isle.* 1 L. 4 f.   Covens & Mortier.
———— *grandes & petites, & les Isles Lucayes* 1750. 1 L. 16 f.   par R. Vaugondi.
* Appenzel, *Canton de la Suisse.*   Seutter.
——— *le même.*   Homann.
Archipel, Archipelagus (*voyez* Græcia) (v. Danubius.)
Aquitania (*Guyenne & Gascogne.*)   Homann.
    (*voyez aussi* Guyenne.)
Arabia, (*voyez* Turquie.)
Armagnac, Béarn, Bigorre, (*voyez* Béarn.)
Arménie, (*voyez* Géorgie.)
Artois, *Comté.*   par Homann.
———— *le même, par de l'Isle.* 1 L. 4 f. Covens & Mortier.
———— *le même.* 1 L. 4 f.   par Visscher.
    (*voyez aussi* Picardie, Flandres.)

Asiæ Mappa generalis, Hasii. 1744.   Homann.
——— ——— secundum Religiones. 1 L. Idem.
Asie par de l'Isle. 1 L. 4 s.   *Covens & Mortier.*
——— *la même par de l'Isle.* 1 L. 10 s. *Buache.*
——— *la même.* 1 L.   *par Janvier.*
* ——— *la même en III. parties & VI. feuilles*
  1757.   14 L.   *par d'Anville.*
Asia minor seu Natolia, Pontus Euxinus, Palus Mæotis, per Hasium.   Homann.
Atlas Scholasticus minor XX. Tab. compactus.
  15 L.   Homann.
——— idem major. XXXVI. Tab. compactus.
  24 L.   Homann.
——— methodicus, *avec l'explication latine pour la jeunesse, en XVIII. petites Cartes.*
  4 L. 10 s.   Homann.
——— Cœlestis Doppelmaieri. XXX. Tab.
  18 L.   Homann.
Atlas universel adapté à la Géographie de M. La Croix en LXXVI. feuilles. relié. 45 L. *Lattré.*
Atlas universel pour la Géographie ancienne & moderne en CVIII. feuilles. 120 L. *R. Vaugondi.*
Atlas de la Marine, composé d'une Carte générale & de XII. Cartes particulieres, qui représentent le Globe terrestre jusqu'au 82. degré du Nord & au 60. degré du Midi, par Bruckner. 18 L.   *Acad. de Berlin.*
Atlas géographique & militaire ou Théatre de la guerre de 1756. &c. en Allemagne en XC. feuilles. 51 L.   *Julien.*
Atlas van de Vereenigte Neederlande, ou *Atlas de VII. Provinces unies. en XXXVI. feuille.*
  30 L.   *par Tirion.*
* *Atlas de la Chine, de la Tartarie Chinoise, du Thibet & du Royaume de Corsé, par les PP Jesuites & Mr. d'Anville. en XLII. feuilles*   30 L.   *Scheurleer.*
Atlas général de l'Empire de Russie & des pays limitrophes en XX. feuilles. 36 L. *par l'Acad. de Petersbourg.*

Atlas de *Corfe*, de *Pologne*, de *Sardaigne*, de *Saxe*, de *Silefie*, de la *Suiffe*. (*voyez* Corfica, Polonia, Sardinia, Saxonia, Helvetia.)
le *Païs d'Aunis* (*voyez* Poitou.)
Auftriacus Circulus à *Tobia* Majer. 1747. Homann.
Auftriæ Archiducatus fuperior. Idem
―――――― ―――― inferior. Idem.
* Auftria *Theatre de la guerre en Autriche, ou Cours du Danube depuis Paffau à Presboueg.* 2 L. *le Rouge.*
Autriche (*voyez* Auftria.)

B.

* Babylonia, *Carte de la Babylonie, nommée aujoud'hui* Hierac Arab, *avec la Carte de la Retraite des dix mille, & un mémoire par Mr. de l'Isle*, II. *feuilles*. 3 L *Lattré.*
Bade , Marquifat, partie occidentale, avec les environs de Landau & de Spire. 1 L *Allard.*
Balticum Mare (*voyez* Suecia.)
Bahus, *Province Suedoife en Norwege.* Homann.
Bamberg, Epifcopatus. Idem.
――――― idem. Seutter.
Barbarie , Nigritie, Guinée, par de l'Isle. 1 L. 10 f. *Covens & Mortier.*
Bareuth, vel Principatus Brandenburg-Culmbacenfis, pars fuperior. Homann.
――――― idem, pars inferior. 1763. Idem.
――――― idem, pars fuperior, à Jo. A. Riediger. Seutter.
――――― idem, pars inferior. Idem.
le Barrois, ou le Duché de Bar. (*voyez* Lotharingia.)
Bafel (*Basle*) Canton per Walfer 1767. Homann.
――――― idem per Bruckner 1766. de Mechel.
* Bavariæ Ducatus exactiffima Mappa IX. Tabb. 15 L. per Buna.
――――― Pars fuperior. Homann.
――――― ―――― inferior. Idem.

Bavariæ Pars superior.   Seutter.
———— —— inferior.   Idem.
Bavaria superior & inferior cum IV. Præfe-
    cturis in eadem Tabula.   Idem.
Bavariæ Circulus.   Homann.
———————— idem.   Seutter.
Bavaria, *Baviere, ou la seconde feuille du Cours
    du Danube.* 1 L.   le Rouge.
Bavariæ Palatinatus. (*le haut Palatinat.*) Homann.
Baviere (*voyez* Bavaria.)
Bautzen (*voyez* Budissin.)
Béarn, Bigorre, Armagnac &c. par de l'Isle.
    1 L. 4 s.   Covens & Mortier.
Beauce, Gatinois, Sologne, par de l'Isle.
    1 L. 4 s.   les mêmes.
de Boauvais le Diocése, par de l'Isle. 1 L. 4 s. les mêmes.
Belgium universum, *les XVII. Provinces des
    Pays-bas.*   Homann.
———————— idem. 1 L. 10 s.   Valck.
———————— idem per de Witt. 1 L. 4 s.   Cov. & Mort.
———————— idem. 1 L.   Visscher.
———————— le même, *Carte des Pays-bas.* 1 L. le Rouge.
———————— *Description historique de XVII. Pro-
    vinces.* 12 s.   Brunel.
* Belgium, *Carte des Provinces des Pays-bas,
    par Fricx. XV. feuilles.* 15 L.   Crepy.
Belgium Catholicum, *les X. Provinces des Pays-
    bas Catholiques,* per Majer 1747.   Homann.
———————— idem per de l'Isle. 1 L. 4 s. Cov.& Mort.
———————— idem per de Witt. 1 L. 4 s.   Idem.
———————— idem   1 L. 10 s.   per Valck.
———————— idem   per Probst.
———————— idem   Seutter.
———————— *Carte des Pays-bas Catholiques.* 1751.
    1 L. 16 s.   par R. Vaugondi.
———————— *la même* 1 L. 4 s.   par Sanson.
Belgium fœderatum, *les VII. Provinces unies,
    ou la Hollande* per Majer 1748.   Homann.
———————— idem   Seutter.
———————— idem per de l'Isle. 1 L. 4 s. Cov. & Mort.

Belgium per de Witt. 1 L. 4 f. Cov. & Mort.
——— idem 1 L. 10 f. per Valck.
Belgium novum in America Septentrionali
    (*voyez* America.)
Berg Ducatus (*Duché de Berg*) per Sanson.
    1 L. 4 f. Cov. & Mortier.
——— idem per Sanson. 1 L. 4 f. Jaillot.
Berlin, *Plan de la dite Ville, sur le Plan publié
    par l'Academie de Berlin,* 1758. 1 L. par le Rouge.
——— *le même.* par Homann.
——— *le même en une feuille.* 7 L. 4 f. par l'Acad.
    de Berlin.
Bern, Canton, per Walser 1766. Homann.
Bessarabia (*voyez* Wallachia.)
de Beziers le Diocèse, par de l'Isle, 1 L. 4 f.
    Covens & Mortier.
Bigorre, *Béarn, Armagnac,* (*voyez* Béarn.)
Blocksberg, (*Montagne de Brocken dans la
    forêt Hercynienne*) 1749. Homann.
Bodensee, (*voyez* Turgau.)
Boheme, *Carte des Expéditions de Guerre en Bo-
    heme & en Italie de* 1741-1743. *V. feuilles*
    3 L. Homann.
* Bohemiæ Regnum, Comitatus Glatz, & Cir-
    culus Egeranus. XXV. Tabb. 1720.
    (*la grande Carte de la Boheme par Mul-
    ler en* 25. *feuilles, très-rare.*) 300 L. per Müller.
*Carte Chorographique de la Boheme, le Comté
    de Glatz, & le Territoire d'Egra, en IX.
    feuilles, copiée sur celle de Müller en* 25.
    feuilles, 1757. 9 L. par le Rouge.
Bohemiæ Regnum, Comitatus Glatz, & Cir-
    culus Egeranus. Seutter.
——— idem. Homann.
——— idem. 2 L. Covens & Mortier.
Bohemia, Silesia, Moravia & Lusatia. Seutter.
——— eadem. 1 L. 4 f. per Schenck.
——— eadem, per *Tob.* Mayer, 1747. Homann.
Boleslaviensis Circulus Bohemiæ. (*voyez* Buntzlau.)

Borussiæ Regnum (*le Royaume de Prusse.*) Homann.
——— idem. per Seutter.
——— idem. 1 L. 10 f. per Ottens.
——— idem, per Visscher. 1 L. 4 f. Schenck.
——— idem. 1 L. 4 f. per de Witt.
——— idem, Episcopatus Warmiensis, Palatinatus Mariæburgensis & Culmensis, cum territorio Dantiscano &c. VI. Tabb. 1763. 12 L. Acad. Berlin.
Borussia Orientalis 1775. Homann.
BorussiaOccidentalis,(West-Preussen)1775. Homann.
Bosnia (*voyez* Dalmatia.)
Bosphorus Thraciens, (*voyez* Constantinopel.)
le Bourdelois, ou Bourdeaux, Perigord &c.
  par de l'Isle. 1 L. 4 f. Covens & Mortier.
Bourgogne (*voyez* Burgundia.)
le Brabant, ou la Campagne du Roi en 1746.
  1 L. par le Rouge.
——— *le même par de l'Isle.* 2 L. Covens & Mortier.
Brabantiæ Ducatus. per Homann.
——— idem 1 L. 10 f. per Schenck.
——— idem. 1 L. Jaillot.
  (*voyez aussi Flandre.*)
Brandenburg Ducatus & Pomerania, per de Witt. 1 L. 4 f. Covens & Mortier.
——— Marchionatus, IV. Tabb. per eundem. 6 L. Iidem.
——— Marchionatus & Pomeraniæ Ducatus. Homann.
——— Electoratus, seu Marchiæ & Pomeraniæ Ducatus. Seutter.
Brandenburg Electoratus (*Electorat de Brandebourg*) per Gussfeld 1773. Homann.
Brasilia in America meridionali. Idem.
  (*voyez aussi* Peru.)
Braunschweig. (Brunsvicensis Ducatus.) Homann.
——— idem. Seutter.
——— ejusdem pars meridionalis. 1762. Homann.
Bredelar, Plan de la bataille de 1761. Raspe.
Bremæ & Verdæ Ducatus. Idem.

Bremenfis ager. (*Environs de Bremen.*) Homann.
Breslau, feu Wratislavienfis Diœcefis 1751. Idem.
─────── Plan de la Bataille de Breslau. 1757.
               le Rouge.
la Breffe (voyez Burgundia, Duché de Bourgogne.)
Bretagne, le Duché (Britanniæ Ducatus.) Homann.
Bretagne, Carte géometrique 1772. 3 L. 10 f. par Ogée.
─────── la même Carte fur une plus grande
   échelle en IV. feuilles. 15 L. par le même.
grande Bretagne, (voyez Britannia Magna.)
le Briançon, Ambrun & Barcelonette, par de
   l'Isle. 2 L.   Covens & Mortier.
Brifac, le Plan & les environs du Vieux & du
   Neuf-Brifac. 1743. 1 L. par le Rouge.
Brisgovia, (le Brisgau.)   Homann.
─────── idem   Seutter.
Britanniæ Ducatus. (voyez Bretagne.)
Britannia Magna. (Grande Bretagne) feu
   Anglia, Scotia, Hibernia. (Angleterre,
   Ecoffe, Irlande.) 1 L. 10 f. Dankerts.
─────── per Tob. Majer. 1749. Homann.
─────── eadem. 1 L.   per Jaillot.
─────── Grande Bretagne. 1744. 1 L. par le Rouge.
   (voyez auffi Anglia, v. Scotia, v. Irland.)
* Isles Britanniques (Britannicæ Infulæ) ou
   Grande Bretagne, en VIII. très-grandes
   feuilles; comprenant la Carte des Isles
   Britanniques en cinq feuilles; la Carte
   générale de ces cinq feuilles reduite en
   une; l'Entrée de la Tamife; le Comté de
   Kent. 1757-1759. 20 L. par Bellin.
    Pour l'intelligence de ces Cartes Mr.
   Bellin a publié un Effai géographique en
   II. Tomes 12. qui coûtent. 5 L. 10 f.
─────── ou l'Angleterre, l'Ecoffe & l'Irlande
   1747. 1 L. 16 f. par R. Vaugondi.
─────── par de l'Isle. 1 L. 4 f. Cov. & Mortier.
Brounfvic (voyez Braunfchweig.)
Bruchfal, Durlach, Ettlingen, pour l'Expé-
   dition militaire en 1735. II. feuilles. Homann.

de Bruxelles les Environs & une partie de la
 Flandre jusqu'à Gand. 2 L. Covens & Mortier,
Budingen Comitatus (voyez Hanau.)
Budissin (Bautzen) le Cercle de Budissin, dans
 la haute Lusace.) 1746. Homann.
Bulgaria, (voyez Transylvania.)
Bulgarie & Romanie. 1 L. le Rouge.
Buntzlau seu Boleslaviensis Circulus Bohemiæ.
 1770. Homann.
Burgundicus Circulus. Homann.
Burgundiæ Comitatus, la Franche Comté. Homann.
——— Duché de Bourgogne, par de l'Isle
 II. feuilles. 2 L. 10 s. Covens & Mortier.
——— Duché de Bourgogne & de la Brisse
 II. feuilles. 2 L. 8 s. Jaillot.

C.

Campania (voyez Champagne.)
Canada & Louisiane. 1755. 1 L. per le Rouge.
——— partie Orientale, traduite de l'Anglois
 de Jefferys. 1755. 1 L. par le même.
——— ou la Nouvelle France, par de l'Isle.
 1 L. 4 s. Covens & Mortier.
——— ou la Nouvelle France, partie Orien-
 tale, selon Mr. Bellin. 1755. Homann.
——— partie Occidentale. Homann.
* Canada, Louisiane & Terres Angloises. IV.
 feuilles. 1755. 8 L. par d'Anville.
Candia, (voyez Creta.)
Cap de bonne Espérance. 1 L. 4 s. par Ottens.
Carinthiæ Ducatus. Homann.
——— idem. Seutter.
Carlsbad (Bains de Carlsbad dans la Boheme.) Idem.
de Carlsrouhe le Plan & les vuës, III. feuilles.
 1739. Homann.
Carnioliæ Ducatus. Idem.
Carolina (voyez Virginia.)
Carte de la Mer Caspienne, Caspium Mare.
 1 L. 10 s. par d'Anville.

Carte de la Mer Caspienne avec les pays voisins,
    par de l'Isle.   1 L.   Cov. & Mortier.
——— *la même, Carte marine par de l'Isle,*
    II. feuilles.   2 L.   Ottens.
Caspium Mare.   1 L. 10 f.   *Acad. Petrop.*
Caspium mare, & Terra Jedso. (*la Mer Ca-*
    spienne.)   Homann.
    (*voyez aussi* Usbeck.)
Cassel, *Plan de la ville de Cassel* 1742.   Idem.
de St. Cast, le Combat en 1758.   10 f.   *le Rouge.*
Catalonia, Principatus. (*Catalogne.*)   Homann.
Catzenelnbogen, *Comté*, Comitatus Cattimeli-
    bocensis.) 1745.   Idem.
Ceylan, *Isle*, *par de l'Isle.* 1 L. 4 f. Cov. & Mortier.
Ceylon, Insula.   Seutter.
    (*voyez aussi* Malabar.)
le Cévennes, (voyez Sevennes.)
Chersonesus Taurica. (*veyez* Crimea.)
Champagne, (Campania.)   Homann.
——— *la même.* 1744. 1 L.   *par le Rouge.*
——— *la même, par de l'Isle. II. feuilles.*
    2 L. 10 f.   *Covens & Mortier.*
Chili, Paraguay, & Fretum Magellanicum,
    per de l'Isle. 1733.   Homann.
    (*voyez aussi* Paraguay.)
China, (*voyez* Sina.) (*voyez* Indes.)
Chrudim, Circulus Bohemiæ 1772.   Homann.
Cléves, *Duché.* (*voyez* Clivia.)
Cliviæ & Geldriæ Ducatus. (*Duché de Cléves*
    & *Gueldre.* 1 L.   *le Rouge.*
——— Ducatus & Comitatus Marchiæ   Seutter.
——— idem per de Witt. 1 L. 4 f.   Covens &
    Mortier.
——— *Duché de Cleves, Seigneurie de Ra-*
    venstein & Comté de Meurs, par Sanson.
    1 L. 10 f.   Jaillot.
Coburg, Principatus, (*voyez* Gotha.)
Colditz, Leisnig, Rochlitz, Præfecturæ Sa-
    xonicæ.   Seutter.
Coloniensis Episcopatus, (*Cologne*) cum Du-

catibus Juliacensi & Montensi, nec non
 Comitatu Meursiæ.   Homann.
——————— idem.   Seutter.
Constantinopel, una cum Bosphoro Thracico.
 per de Reben, II. Tabb. 1764. 1 L. Homann.
——————— — *le Plan.*   Homann.
Copenhagen, cum terris adjacentibus.   Homann.
Corbach, *Plan du Combat de Corbach.*
             par le Rouge.
Corfu Insula, seu Corsula.   Seutter.
* *Coromandel II. feuilles* 1758. 4 L. *par d'Anville.*
 (*voyez aussi* Tranquebar.) (*voyez aussi* Malabar.)
Corsica Insula, (*Isle de Corse*) per J. Vogt.
  1735.   Homann.
* ——————— *la même* III. *feuilles* 1768. 4 L. *le Rouge.*
——————— *Atlas de l'Isle de Corse en* XXXV.
 petites feuilles. 1769. 15 L.   Julien.
Cotzemitz, *Plan de la Bataille.* 1757.   *le Rouge.*
Creta Insula, hodie Candia.   Homann.
Crimea, seu Chersonesus Taurica, item Tataria
 Nogaya Europæa, per Schmidt. 3 L. Acad. Petr.
Croatia (*voyez* Dalmatia.)
Culm, Palatinatus, (*voyez* Borussia.)
Culmbacensis Principatus. (*voyez* Bareuth.)
Curlandia & Semgallia à Barnickelio. 1747.
 II. Tabb. (*voyez aussi* Livonia.)   Idem.

D.

Dalmatia, Croatia, Sclavonia, Bosnia &c. Seutter.
Danemark, (*voyez* Dania.)
Dania, per de l'Isle. 1 L. 4 s. Covens & Mortier.
Daniæ Regnum.   Homann.
——————— idem.   Seutter.
   (*voyez aussi* Scandinavia.)
* ——————— *Cartes de diverses Provinces &c.*
 du Royaume de Danemarc, publiées par ordre
 du Gouvernement, à Copenhague ; savoir
la Seeland, partie du Nord-Est & du Sud-Est
 en deux feuilles par Wessel 1768. 11 L.

———— *Island per Erichfen & Sehœnniog.*
1771.   3 L.

———— *Carte marine de Kattegat, par Akeley* 1770.   4 L.

———— *Carte marine de la Mer du Nord, par Hoeg.* 1766.   6 L.

En tout cinq très grandes feuilles qui se vendent ensemble.

Danicæ Infulæ, (*Isles Danoises*) in mari Baltico, Zeelandia, Fionia, Falstria &c.   Homann.

———— eædem.   Seutter.

Dantzig territorium, (*voyez* Boruffia.)

Dantzig, *le Plan de la Ville & du Siége fait par les Ruffes*, 1739.   Homann.

Danube, *Cours du Danube depuis la source jusqu'à Lintz.* II. feuilles, 1742. 2 L.
    le Rouge.

Danubius, tota Græcia, Archipelagus, Turcia Europæa, per Bœhm 1766. 12 f.   Homann.

———— Curfus. III. Tabb. ab origine inde ad oftium ejus in Mari Nigro.   Idem.

Darmftadt, Landgraviatus, per Pronner VI. Tabb. 1754.   Idem.

du Dauphiné le Gouvernement général, (Delphinatus) *par Tillemon.*   *le même.*

———— *le même par de l'Isle.* 1 L. 4 f.   *Covens & Mortier.*

(*voyez aussi* Savoye.)

Deutschland, (*voyez* Germania.)

Dnieper, *Theatre de la Guerre sur le Dnieper, le Tira & le Danube en* 1738. *par l'Acad. de Petersbourg.*   2 L.   *Cov. & Mortier.*

Dœlitfch, Bitterfeld, Zœrbig, Præfecturæ Saxonicæ.   Seutter.

Isle de St. Domingue, par de l'Isle. 1 L. 4 f.
    Covens & Mortier.

de la Ville de Douay le Plan, Amfterd. 1 L. *Renard.*

de Dresde, le Plan, 1759. 1 L.   *par le Rouge.*

de Duffeldorp, le Plan. 1758. 1 L.   *par le même.*

E.

Ecoſſe, (*voyez* Scotia.)
Egypte, (*voyez* Ægyptus.)
d'Egra le Territoire & le Cercle d'Elnbogue par
  Müller. 1742.   Homann.
Eichsfeldiæ Tractus. 1759.   Idem.
Eiſenach, Principatus.   Idem.
Eyſtætt (*voyez* Aichſtætt.)
les quatre Electorats du Rhin. (*voyez* Rhenus.)
Ellwangen, (Præpoſitura Ellevacenſis.) Seutter.
Erfordienſe Territorium.   Homann.
Ermeland, Epiſcopatus Warmienſis, (*voyez*
  Boruſſia Acad. Berol.)
Erzgebürgiſche Creyſs. (Circulus metalliferus
  Saxoniæ.) *Cercle Montagneux de la Saxe.*)
  II. Tabb.   Seutter.
Eſclavonie, (*voyez* Sclavonia.)
Eſpagne, (*voyez* Hiſpania.)
Europæ Mappa Generalis, per *Joh. M.* Ha-
  ſium. 1743.   Homann.
——— eadem per de l'Isle. 1 L. 4 ſ. Covens &
                                     Mortier.
——— eadem ſecundum Religiones. 1743.
  1 L.   Homann.
* *Europe en trois parties & en VI. feuilles* 1754.
  16 L.   par *d'Anville.*
——— *la même par Janvier* 1760.   Lattré.
——— *la même* 1751.   par *R. Vaugondi.*
* ——— *la même par Longchamp & Janvier*
  en II. feuilles collées enſemble. 2 L. Lattré.
——— *la même par de l'Isle.* 1 L. 10 ſ. Buache.
Europæ Mappa major, (*grande Carte de*
  l'Europe, en IV. Feuilles jointes.) 4 L. Homann.

F.

Falkland, ou Isles Malouïnes; par Bocules.
  1771.   1 L.   *le Rouge.*
Ferrara, (*voyez* Mayland.)

Fetz & Marocco, (*voyez* Marocco.)
Finnicus Sinus, (*Golfe de Finland.*) per *Tob.*
    Majer, 1751. II. Tabb.   Homann.
―――― idem Cronstadio-Petropolin, & inde
    Schlüsselburgum usque, Fluvii Newa
    Cursus & Lacus Ladoga. IV. Tabb.   Seutter.
Flandre, le Comté de, par de l'Isle. 2 L. Cov. & Mort.
la Flandre, le Hainault, le Brabant, l'Artois.
    1745.   1 L.   *par le Rouge.*
Flandriæ Comitatus.   Homann.
―――― idem. 1 L. 10 s.   per Schenck.
―――― idem per Visscher. 1 L. 10 s.   Schenck.
―――― idem, Theatrum Belli.   Felsecker.
Florida, (*voyez* Mexico.)
la France, (*voyez* Gallia.)
Francici Imperii, vel Romano-Germanici,
    inde à Carolo Magno usque ad Carolum
    VI. seu annum 1736. VII. Tabb. totidem
    Periodos historicas illustrantes, per *Jo.*
    Hasium. 1756.   Homann.
Francofurtense Territorium, (*Environs de*
    Francfort.)   Idem.
Franconia Postatum, (*la Carte des Postes de*
    la Franconie.) 1759. IV. Tabb. 3 L.   Idem.
Franconiæ Circuli Pars Orientalis & potior.
    (*Cercle de Franconie partie principale.*) Idem.
―――― idem, Pars Occidentalis & minor,
    seu Electoratus Moguntinus. (*Cercle de*
    Franconie partie moindre, comprenant l'E-
    lectorat de Mayence.)   Homann.
Freiburg, Canton, per Walser 1767.   Homann.
―――― *Plan de la ville de Fribourg en Bris-*
    gau. 1 L.   Ottens.
Freysingen, (Episcopatus Frisingensis.) Seutter.
Frisia Orientalis (*l'Ostfrise*, Ostfriesland.)
    (*voyez* Ostfriesland.)
Fuldensis Principatus in Buchonia.   Homann.
―――― idem II. Tabb.   Idem.

G.

St. Gallen (*Terres de l'Abbaye de St. Gal en Suisse*) per Walser 1768. Homann.

* Gallia, *la nouvelle Carte de la France, par Triangles, levée pnr Mrs. Maraldi & Cassini.* 1744. 4 L. 10 f.

* ——— *la grande Carte de la France, levée par ordre du Roi, par Mrs. de l'Académie des Sciences en* 174. *Feuilles, dont il a paru actuellement* 104. *Feuilles, avec la Carte des Triangles.* 4 L. 5 f. la feuille. NB. On la continue sans interruption. On en vend aussi des feuilles separées à 4 L. 10 f.

Gallia, *ou le Royaume de France, par Rizzi Zannoni.* 1764. Homann.

——— *le même divisé par gouvernements militaires par Janvier* 1769. 1 L. Lattré.

——— *le même.* 1 L. 4 f. par Jaillot.

* ——— *le même en II. feuilles.* 3 L. le même.

——— *le même par de l'Isle.* 1 L. 4 f. Cov. & Mortier.

* ——— *le même par Inselin* 1760. 3 L. Inselin.

Gallia, *la France analysée par Gouvernements, Parlements, Généralités & Archévêchés,* 1762. 1 L. 4 f. par Brion.

* ——— *la Carte des Postes de France.* 3 L. 10 f. Jaillot.

Galliciæ Regnum (*voyez* Lubomeria.)

Gascogne (*voyez* Guyenne.)

Gatinois, Beauce, Sologne, (*voyez* Beauce.)

Geldriæ Ducatus ac Comitatus Zutphaniæ. 1 L. 4 f. per Schenck.

——— idem. 1 L. 4 f. per Cov. & Mortier.

Geldria, (*Gueldres, Plan de cette ville.*) 1757. per le Rouge.

Genevé, *Lac de, Genfer See,* Lacus Lemanus per Rizzi Zannoni 1766. Homann

Un Quartier de Ste. Genevieve à Paris le Plan.
   1 L.   *le Rouge.*

Genes, (*voyez* Genua, *voyez aussi* Sardaigne.)

Genuæ Status (*Etats de la Republique de Genes.*) per *Tob.* Majer. 1749.   Homann.

—— idem, & Ducatus Mediolanensis, Parmensis & Montisferrati. 1 L. 4 s. *per de* Witt.

Géographie physique & naturelle, ou la Chaine des Montagnes & les Cours des Fleuves, par Mr. Buache. 1757. 15 L.   *Buache.*

Géorgie & Arménie par de l'Isle, avec le plan de la ville de Tiflis & un Mémoire concernant cette Carte. 3 L.   *Lattré.*

Germania ex Delineatione Eisenschmidii, (*la grande Carte d'Allemagne par Eisenschmid*) IV. Tabb. 4 L.   Homann.

—— *Carte d'Allemagne & de ses frontieres pour le Théatre de la Guerre.* 3 L. *par Julien.*

—— *Carte de l'Empire d'Allemagne divisée en toutes ses Souverainetés, dressée sur les Observations de ses Académies par D. D. L. F.* 1762. 1 L. 10 s.   *Daumont.*

—— *Atlas Géographique & militaire d'Allemagne par Julien,* (*voyez* Atlas.)

—— *Carte géographique speciale de l'Allemagne divisée en ses Cercles & Seigneuries, selon la Geographie de Mr. Büsching, contenant 81. feuilles, dont il a paru actuellement 35 feuilles, à* 1 L. 16 s. *la feuille.*
                                     par Mr. Jæger.

—— in suos Status & Circulos divisa, per Schatz. 1741. (*Allemagne par Cercles.*) Homann.

—— eadem, per de l'Isle. 1 L. 10 s. Covens & Mortier.

—— *Carte de l'Empire d'Allemagne,* 1756. 1 L. 16 s.   *par Vaugondi.*

—— *Carte d'Allemagne divisée par Cercles, par Janvier.* 1761.   1 L.   *Lattré.*

—— *Carte d'Allemagne par l'Académie des Sciences de Berlin, avec les Postes.* 6 L.

* Germania, (*Allemagne & ses frontieres.*)
 1760. 1 L. 4 s. per Desnos.
——— secundum Provincias, (*Allemagne par Provinces.*) 1741. 1 L. Homann.
——— secundum Religiones. 1 L. Idem.
——— *l'Allemagne par Religions.* 1 L. *par le Rouge.*
——— Ecclesiastica & Secularis. Homann.
——— *l'Allemagne Ecclesiastique.* 1 L. *par le Rouge.*
——— juxta Episcopatus, (*Carte des Evéchés d'Allemagne,*) par Hartzheim. 1762. Homann.
——— Benedictina, (*l'Allemagne Benedictine.*) Homann.
Germaniæ Operationes Bellicæ, annorum 1759. ad 1762. (*Carte des Expéditions de la Guerre en Allemagne des années 1759 - 1762.*) per Rizzi Zannoni. IV. Tabb. 3 L. 12 s. Idem.
Germania Post-Charte, *nouvelle Carte des Postes d'Allemagne en XVI. petites feuilles, collées ensemble,* par Heger. 4 L. 10 s. Homann.
Germania Hydrographica, (*Carte des Fleuves d'Allemagne.*) Homann.
——— eadem. Seutter.
——— Critica, (*Carte critique d'Allemagne*) per *Tob.* Majer. 1750. Homann.
Gersay, Guernesay & Avrigny, Isles. 1756. 1 L. *par le Rouge.*
de Gibraltar le Détroit, (Fretum Herculeum,) l'Isle de Cadix, par Mrs. Petit & Weidler. Homann.
——— Carte topographique des Pays & Cartes maritimes qui forment le Détroit de Gibraltar. 1756. Homann.
Giech, Comitatus, Districtus montanus in Franconia. Idem.
Glaris, Canton, per Walser. Seutter.
——— idem. 1768. Homann.
Glatz Comitatus, & Principatus Münsterberg, per *T.* Majer. 1747. Homann.
* *Globe terrestre par Bellin.* 1750. 2 L. *de Hondt.*
Globi terrestris Mappa universalis. (*Mappe-Monde.*) Hasii. 1746. Idem.

Globus terrestris (*Mappe monde*) 1752. 1 L. 16 f.
           R. Vaugondi.
―――― *la même par de l'Isle.* 1 L. 4 f. Covens &
             Mortier.
―――― *la même par de l'Isle.* 2 L.   Idem.
―――― *la même par de l'Isle.* 1755. 1 L. 10 f.
            Buache.
―――― *la même par Janvier.* 1774. 1 L. *Lattré.*
―――― grande *Mappe monde, Carte de Cabinet, par de l'Isle* IV. *feuilles jointes ensemble.* 10 L. 10 f. Cov. & Mortier.
―――― *Hemisphere oriental & occidental, grande Carte.* 1754. 2 L. *par Longchamps & Janvier.*
―――― *Hemisphere oriental & occidental en* II. *grandes feuilles.* 6 L. *par d'Anville.*
―――― *Hemisphere oriental, occidental, septentrional & austral par de l'Isle,* IV. *feuilles.*
6 L.   Cov. & Mortier.
―――― *Hemisphere septentrional & méridional ou des terres arctiques par Mr. de Reden,* II. *feuilles.* 4 L. Acad. de Berlin.
―――― *Carte générale du Globe terrestre, construite par Isaac Bruckner & approuvée par Mr. Bernoulli, avec une instruction sur ladite Carte,* II. *feuilles.* 12 f. *Schorndorff.*
―――― *Hemisphere austral, ou Antarctique.*
1773. 3 L. 10 f.   *par Vaugondi.*
Globus terrestris secundum Religiones. Homann.
―――― Coelestis, secundum Systema Copernicanum.   Homann.
―――― terrestris & coelestis. VI. Tabb. zum Kugel - Aufzug, per Eimmart, (*Feuilles necessaires, pour faire des Globes terrestres & célestes.*) 4 L.   Idem.
Gœrlizensis Circulus. 1753.   Homann.
Gœrlitz, *l'affaire de Gœrlitz en* 1757. (voyez Meer.)
Gœttingue, *le Plan de cette ville.* 1757. 1 L.
           par le Rouge.

Gœttingenſis ager, (*Environs de Gœttingue.*) Seutter.
Gœttingen, Iter Majerianum Norimberga ad
  Gœttingenſes Muſas, 1757. (*Itineraire
  de Nuremberg à Gœttingue.*)   Homann.
Golfe Arabique ou Mer Rouge, (*voyez* Mare
  rubrum.)
Gotha, Coburg & Altenburg, Principatus. Idem.
Græcia, ſeu Imperium Turcicum Europæum,
  Harenbergii. 1741.   Idem.
——— *la Grece par de l'Isle.* 1 L. 4 ſ. *Cov. & Mort.*
* ——— *les Côtes de la Grece & l'Archipel*
  1756. *avec un Mémoire imprimé.* 4 L. *d'Anville.*
Græcia ſeptentrionalis hodierna, ſeu Macedo-
  nia, Theſſalia, Albania. 1770.   Homann.
Graubündten, (*Griſons*, (*voyez* Rhætia.)
des Griſons, le pays, (*voyez* Rhætia.)
Groſs-Jægerndorff, (*voyez* Jægerndorff.)
Gueldres, (*voyez* Geldria.)
de Guyenne & de Gaſcogne le Gouvernement,
  1 L. 4 ſ.   *par de Witt.*
Guyenne & Gaſcogne par de l'Isle. 1 L. 4 ſ.
   Covens & Mortier.
  (*voyez auſſi* Aquitania.)
Guinea, ſeu Æthiopia inferior, per d'Anville
  & Haſium. 1743.   Homann.
Guinée, Barbarie, Nigritie, (*voyez* Barbarie.)

H.

Haga Comitum, (*la Haye,*) (*Grafenhaag,*)
  le Plan de cette ville.   Homann.
Hainault, Comté, (*voyez* Hannonia v. auſſi
  Flandre.)
Halæ Suevicæ Civitatis Territorium, per Cnopp,
  1762.   Homann.
Halberſtadt Principatus, Quedlinburg, Wer-
  nigeroda, per *Tob.* Majer. 1750.   Idem.
*Halle, Plan de cette Ville, & ſes plus belles
  vues. II. feuilles.*   *le même.*
Hamburgenſe Territorium.   Idem.
de Hameln le Plan. 1757. 1 L.   *par le Rouge.*

Hanau Comitatus, Solms, Büdingen, Wet‑
 teravia, per Zollmann. 1728. Homann.
Hannoniæ Comitatus, (Hennegau *ou Comte
 de Hainault.*) Idem.
——— idem, per de l'Isle. 1 L. 4 f. Covens &
 Mortier.
d'Hannovre l'Electorat. 1 L. *par le Rouge.*
——— *le même.* 1 L. 4 f. *par Ottens.*
——— *le même.* 2 L. *par Cov. & Mortier.*
 (*voyez aussi* Westphalie.)
Harbourg, Plan de cette ville. 1758. *par le Rouge.*
Harzwald, (*forêt Hercinienne.* (v. Hercinia.)
Hassia superior & Wetteravia, (*la haute Hesse*)
 per *Maxim.* Pronner. 1746. Homann.
——— inferior & Comitatus Waldeck, (*la
 basse Hesse.*) Idem.
——— superior & inferior. Seutter.
* *Landgraviat de Hesse-Cassel, par Roziere, IV.
 grandes feuilles.* 1761. 15 L. Brœnner.
Hassia, Landgraviatus Hasso‑Casselanus. IV.
 Tabb. 1761. 3 L. 12 f. Homann.
Hassiæ inferioris Landgraviatus. IV. Tabb.
 7 L. 4 f. Acad. Berol.
Hasso‑Darmstadtinus Landgraviatus, (*voyez*
 Darmstadt.)
Hassia, (*voyez aussi* Westphalia.)
*Hastenbeck, Plan de la Bataille donnée à Ha‑
 stenbeck.* 1757. Seutter.
Havana, per Chassereau. 1739. Homann.
de Heilbronn les Environs ou partie du Neckcr.
 1734. Homann.
Helvetiæ Cantones XIII. (*la Suisse.*) 1751. Idem.
——— idem per de l'Isle. 1 L. 4 f. Cov. & Mort.
——— *Carte de la Suisse.* 1769. 2 L. 10 f. *Grasset.*
——— idem, per Scheuchzer. IV. Tabb.
 10 L. Covens & Mortier.
——— *Carte de la Suisse en IV. feuilles.*
 5 .L *Jaillot.*
——— *Atlas de la Suisse en XXI. feuilles,
 contenant la Carte générale de la Suisse,*

la même enluminée d'après les Religions, les Cantons de Zurich, de Bern, de Lucerne, d'Uri, de Schwitz, d'Unterwalden, de Zug, de Glarus, de Basle, de Fribourg, de Soleure, de Schaffhouse, d'Appenzell, les terres de l'Abbaye de St. Gal, les Grisons, le Valais, le Lac de Geneve, le Turgau ou Lac de Constance. Elles se vendent aussi chacune separement. 10 L. 10 f.   Homann.

Hemisphere Oriental & Occidental, (voyez Globus.)

Henneberg, Comitatus. 1743.   Homann.

Hennegau, (voyez Hannonia.)

Hercinia metallifera, (la forêt Hercinienne,) der Harzwald.   Homann.

Herciniæ Prospectus Machinarum Metallifodinarum.   Idem.

la Hesse, (voyez Hassia.)

Hesse-Cassel, (voyez Hassia.)

Hesse-Darmstadt, (voyez Darmstadt.)

Hibernia, Irrland, (v. Irrland.)

Hierac Arab, (voyez Babylonia.)

Hildburghausen Principatus.   Homann.

Hildesheim Episcopatus, per Arenhold.   Idem.

———— idem.   Seutter.

Hispania & Portugallia, Carte d'Espagne & de Portugal.   Homann.

———— la même. 1 L. 10 f.   Allard.

———— la même par de l'Isle. 1 L. 4 f.   Cov. & Mortier.

———— la même par Jaillot. 1 L.   Ottens.

———— la même. 1 L.   par Longchamps.

* ———— la même, Madrid. 1770. 4 L. par Lopez.

———— la même. 1 L. 4 f.   par Valck.

———— la même en IV. feuilles. 6 L. par Valck.

———— la même en II. feuilles. 3 L. Cov. & Mort.

———— Atlas général de l'Espagne & du Portugal, par Thomas Lopez en 53. feuilles supérieurement exécutées, Madrid 1760-73. 100 L.   Lopez.

Hohenlohe Comitatus, per Chapuzet. 1748. Homann.
Hohnstein Comitatus. 1761. Idem.
la Hollande, ou les VII. Provinces unies. 1 L.
             le Rouge.
Hollandiæ Comitatus & Dominium Ultrajecti-
 num &c. Seutter.
——— idem, per de Witt. 1 L. 4 f. Cov. & Mort.
——— idem. Homann.
——— idem. 1 L. 10 f. Visscher.
Hollandia; (*v. auſſi* Belgium fœderatum.)
Holsatia, (Holstein.) Homann.
——— eadem. Seutter.
Hongrie, (*v.* Hungaria.)
Hundsruck, Regio ad Mosellam, IV. Tabb.
 comprehensa. Homann.
Hungariæ Regnum, (*la Hongrie*) per Haſium. Idem.
Hungaria, (*la Hongrie*) 1742. 1 L. *par le Rouge.*
——— per de l'Isle. 1 L. 4 f. Covens & Mortier.
——— Dalmatia, Croatia, per Müller, IV.
 Tabb. ſibi junctæ. 4 L. Homann.
——— *la même, en IV. feuilles, belle Carte
 de Cabinet.* 6 L. *Schenck.*
——— Orientalis & Meridionalis. II. Tabb.
 4 L. Covens & Mortier.
Hungaria Ordinis Seraphici Franciscanorum. Seutter.
  (*voyez auſſi* Danubius.)

I.

Jægerndorf, *Plan de la Bataille* 1757. *le Rouge.*
Jamaica Insula. Seutter.
Japoniæ Regnum, per Kæmpfer. Idem.
Jenæ, urbis Saxoniæ Prospectus. Homann.
* *Indes Orientales, Carte dreſſée pour la Com-
 pagnie des Indes II. feuilles* 6 L. *par d'Anville.*
Les Indes & la Chine, par de l'Isle. 1 L. 4 f.
           Cov & Mortier.
Indiæ Occidentalis Pars media, (*Carte des Isles
 de l'Amerique*) par *d'Anville*. 1740. Homann.
India Orientalis, (Ost-Indien.) II. Tabb.
 1748. Homann.

Ingria, seu Ingermannland. 1734. Homann.
* Ingria, *Carte générale de l'Ingrie en VII. feuilles.* 12 L. *par l'Acad. de Petersb.*
Irrland, seu Hiberniæ Regnum, juxta Visscher
　　　　　　　　　　　　　　　　　　Homann.
――――― idem. 1 L. 4 s. 　　　　　de Witt.
――――― idem. 1 L. 10. 　per Covens & Mortier.
――――― *le même.* 1745. 1 L. 　*par le Rouge.*
　　　(*voyez aussi* Britannia magna.)
Islandia, Insula. 1761. 　　　　　　Homann.
Isle de France, par Mr. l'Abbé de la Caille.
　1 L. 4 s. 　　　　　　　　　　　Lattré.
les Isles du Cap verd. 1 L. 4 s. 　Covens & Mortier.
Isles Philippines, (*voyez* Philippines.)
Isle de France, (*voyez* Paris.)
Italia in suos Status divisa, per Schatz. 1742.
　　　　　　　　　　　　　　　　　　Homann.
Italia Benedictina. 　　　　　　　　Homann.
Italia, (Theatrum Belli in Italia 1746.)
　II. Tabb. 1754. 　　　　　　　　Homann.
Italie 1743. 　1 L. 　　　　　*par le Rouge.*
――――― *par de l'Isle.* 1 L. 4 s. Covens & Mortier.
* ――――― *en deux feuilles* 1743. 4 L. *par d'Anville.*
Judæa, (*voyez* Palæstina.)
Julich, Berg, Clivia & Meursia. 　　Homann.
――――― idem, per Sanson. 1 L. 4 s. 　Ottens.
――――― idem per Sanson. 1 L. 4 s. Cov. & Mortier.
――――― idem 　　　　　　　　　　Seutter.
Julich, *le Duché de Juliers.* 1 L. 10 s. 　Jallot.
Julich, Berg & Clivia, (*Juliers, Berg, & Cleves.*) 1 L. 10 s. 　　*par Beaurain.*
Juliers (*voyez* Jülich.)
Jutia, (Jütland.) 　　　　　　　　Homann.

K.

Kilan, Provincia Persici Imperii. 　Homann.
Kœniginngrätz Circulus Bohemiæ 1770. Homann.
Kriegs- und Ingenieur-Carte. 　　　Homann.

L.

Lac de Constance, (*voyez* Turgau.)
Lacus Bodamicus, (*Lac de Constance*) Bodenſée
    (*voyez* Turgau.)
Lacus Ladoga, (*voyez* Finnicus Sinus.)
Lacus Lemanus, (*Lac de Geneve*) Genfer-See,
    (*voyez* Geneve.)
Landau, *les environs*, (*voyez* Bade.)
Languedoc, *par Nolin*. 1742.   Homann.
    (*voyez aussi* Sévennes.)
Lapponia Suecica & Norwegica, 1 L. 4 f. per de Witt.
Latium vetus & novum.   Homænn.
Lauenburg Ducatus. 1729.   Homann.
———— idem. 2 L.   Acad. Berol.
Leipzig, *Plan de la ville de Leipsic.*   Seutter.
———— *le même*. 1757. 1 L.   le Rouge.
Liefland, (*voyez* Livonia.)
Liége, (*voyez* Lüttich.)
Limpurg, Comitatus. 1749.   Homann.
de Lyon la Généralité. 1762.   le même.
Lissa, *Plan de la bataille de Lissa*. 1757.
       le Rouge.
Lithuaniæ Magnus Ducatus (Lithauen) per
    Tob. Majer. 1749.   Homann.
———— idem.   Seutter.
Lithuania Borussica, 1735. II. Tabb.   Homann.
Lithuania Russica. 1775.   Homann.
Livoniæ & Curlandiæ Ducatus, (Liefland.) Homann.
Lombardia, per de Witt. II. Tabb. 2 L.
       Covens & Mortier.
———— & Ducatus Saubaudicus, (*Savoye*)
    per *Tob.* Mayer, 1749.   Homann.
    (*voyez aussi* Savoye.) (v. aussi Po.)
Londinensis Regio, (*Environs de Londree.*)
    1741.   Homann.
London, (*Plan de la ville de Londres.*) III.
    Tabb.   Idem.
London, *Plan de Londres*. 1 L.

London, *Environs de Londres*, 1745. 1 L.
           par le Rouge.
Lorraine, (*voyez* Lotharingia.)
Lotharingiæ & Barri Ducatus.   Homann.
———— idem, per de Witt. 1 L. 4 f.   Covens &
              Mortier.
———— *les Duchés de Lorraine & de Bar.*
  1743.   1 L.   *le Rouge.*
———— *la même par Jaillot.* 1 L. 4 f. *Cov. & Mort.*
———— *la même* 1756. 1 L. 16 f. *par R. Vaugondi.*
* ———— *la même en VI. feuilles.* 7 L. 4 f. *Jaillot.*
* Louisiane *en II. feuilles.* 1752. 2 L. 10 f. *d'Anville.*
la Louisiane *& Cours du Mississippi, par de*
  l'Isle. 1 L. 4 f.   *Covens & Mortier.*
Lowositz, *Plan de la Bataille.* 1756.   *le Rouge.*
Lubomeriæ & Galliciæ Regnum.   Homann.
Lucayes *Isles & Antilles.* (*voyez* Antilles.)
Lucern, Canton, per Walser. 1763.   Homann.
Luneburg Ducatus & Comitatus Danneberg.
              Homann.
Lusatiæ Marchionatus.   Homann.
Lusatia superior, per Schreiber. 1732.   Idem.
———— Inferior 1768.   Idem.
———— superior.   Seutter.
Lüttich, (*Evéché & Etats de Liége.*)   Lotter.
———— per de Witt. 1 L. 4 f. Covens & Mortier.
———— (*les Environs de Liége.*) 2 L. *Cov. & Mort.*
Luxemburg Ducatus.   Homann.

M.

Macedonia, (*voyez* Græcia septentrionalis.)
Madrid, Plan.   Homann.
Mæhren, Marggrafthum, (*voyez* Moravia.)
Magdeburg Ducatus, & Circulus Salicus,
  1748.   Homann.
Magdebourg, *Plan.* 1757. 1 L.   *le Rouge.*
de Magellan *le Detroit,* (*voyez* Chili.)
    (*voyez aussi* Paraguay.)
Mayence; (*voyez* Maynz.)   (*v. aussi* Franconia.)

Mayland, (Duché de Milan) Ducatus Medio-
    lanenſis.   Homann.
———— le Milanois, Mantouan, Parméſan.
    1742. 1 L.   le Rouge.
———— Ducatus & Comitatus Tirolenſis. Seutter.
      (voyez auſſi Cours du Po.)
* ———— (Duché de Milan.) II. feuilles.
    3 L.   par Covens & Mortier.
du Maine & du Perche les Provinces, avec la
    Partie ſeptentrionale de la Généralité de
    Tours, par de l'Isle. 2 L.   les mêmes.
Maynz, Electoratus Moguntinus.   Seutter.
      (voyez auſſi Franconia.)
Majorque, Minorque, Yvique, par Bellin.
    1756.   Homann.
Mairæ Fluminis Ortus & Progreſſus, per
    Scheuchzer. 1 L. 10 ſ.   Covens & Mortier.
Malabar, Coromandel & Inſula Ceylon. 1733.
                                            Homann.
de Malabar & de Coromandel les Côtes par de
    l'Isle. 1 L. 4 ſ.   Covens & Mortier.
Malouines Isles, (voyez Falckland.)
de St. Malo les Environs. 1758.   le Rouge.
———— le Plan. 1758.   le même.
Malta & Gozo Inſulæ.   Homann.
* Malthe, Carte générale de la Principauté de
    Malthe & du Goze, par Palmeus, II.
    feuilles. 1752. 5 L. 10 ſ.   Lattré.
La Manche, ou le Canal de France.   Seutter.
———— le même. 1 L. 4 ſ.   Ottens.
Mannheim, Plan de   Homann.
Mansfeld Comitatus, per T. Majer. 1750. Homann.
———— idem.   Seutter.
Mantua Ducatus, 1735.   Homann.
———— idem.   Seutter.
      (voyez auſſi Po.) (v. auſſi Mayland.)
Mappa polyglotta, ſeu omnium linguarum. Homann.
Mare Aſſovienſe & Palus Mæotis.   Idem.
———— Balticum. (voyez Suecia.)

Mare Caspium, (*voyez* Caspium Mare,)
(*v. auffi* Usbeck.)
——— Mediterraneum, (Mittelländisches Meer) *la Mediterranée.* Seutter.
——— idem. 1770. Homann.
——— *le même* en II. feuilles 1756. 2 L.
le Rouge.
——— Nigrum & Tataria minor, (*Mer Noire ou Pont Euxin*,) per de l'Isle. 1 L. 4 f. Ottens.
——— Rubrum, (*Mer Rouge ou Golfe Arabique.*) 1765. 2 L. 10 f. d'Anville.
Mariæburg Palatinatus, (*voyez* Boruffia, Acad. Berol.)
Maryland (*voyez* Virginia.)
Marocco & Fetz, 1728. Homann.
Martinique Isle. par Seutter.
——— *la même par Bellin.* 1762. Homann.
——— *la même* 1753. 1 L. *par le Rouge.*
——— *la même par de l'Isle.* 1 L. 4 f. Covens & Mortier.
Maxen, *Plan de la Bataille de Maxen.* 1759.
le Rouge.
Mecklenburg Ducatus. Homann.
——— idem, Seutter.
——— idem IV. Tabb. 1764. 8 L. Acad. Berol.
la Mediterranée, (*voyez* Mare Mediterraneum.)
de Meer le Combat 1758. *& Affaire de Gœrlitz*, 1757. le Rouge.
Meilenzeiger, feu Tabula poliometrica præcipuorum locorum (*Carte de la diftance d'une ville à l'autre.*) Homann.
Meiffen, (Mifnia,) Marggraffchaft. 1761. Homann.
Mer Mediterrauée, Mer Noire &c. (*voyez* Mare.)
Merfeburg, (Ditio Martisburgenfis.) Seutter.
Metz, *Plan de la ville de Metz.* Homann.
Meurs Comitatus, per *A.* van Heurdt. 1 L. 4 f. Covens & Mortier.
(*voyez auffi* Clivia.)

de la *Meuse le Cours* (*voyez* Rhenus,) (*v.* Mosa.)
Mexicanum Regnum.   Homann.
Mexique & Floride, par *de l'Isle.* 1 L. 4 f.
                       Covens & Mortier.
Middelbourg en Zeelande, Plan.   le Rouge.
Milan Duché (*voyez* Mayland.)
Mindelheim, Protoparchia Sueviæ.   Homann.
Minorque, Isle, par Beaurain. 1757.   Homann.
      (*voyez aussi* Majorque.)
Misnia, Misnie, (*voyez* Meissen.)
Missir (*voyez* Ægyptus.)
Mississippi.   Homann.
Modena, (Status Mutinensis.)   Idem.
Moguntia, (*voyez* Mayntz.) (*v. aussi* Franconia.)
Mohilow & Plescow, (*voyez* Plescow.)
Moldavia & Wallachia ex autographis Castra-
    metatorum Russicorum, per Schmidt.
    3 L.   Acad. Petrop.
Moldavie septentrionale & méridionale, II.
    feuilles. 2 L.   le Rouge.
       (*voyez aussi* Wallachia.)
de la Monarchie Françoise la fondation, par
    Lemau *de la Jaisse.* 1736. 12 f.
Montenegri, (*voyez* Græcia septentrionalis.)
le Cercle Montagneux de la Saxe, (*voyez*
    Erzgebürg.)
de Montpellier le Diocése, (*v.* Sévennes.)
Moraviæ Marchionatus, per Müller, *en une*
    Feuille,   Homann.
Moravia in VIII. Tabb. L. 6. complectens
1. Znoymens. & Iglaviensem Circulum.
2. Hradistiensem Circulum.   per
3. Brunnens. Circuli partem meridional.
4. —— ejusd. partem septentrional.   Müller.
5. Preroviens. Circuli partem Australem.
6. —— ejusd. partem Borealem.   Homann.
7. Olomucens. Circuli partem Australem.
8. —— ejusdem partem Borealem.
Moreæ Regnum, seu Peloponesus.   Homann.
la Morée d'après Coronelli 1772. 1 L.   le Rouge.

Mosæ fluminis Cursus, *la Meuse*, (*voyez* Rhenus.)

* Mosæ & Mosellæ Fluminum Cursus, (*Cours de la Meuse & de la Moselle.*) IV. Tabb. 5 L.   Covens & Mortier.

la Moscovie par de l'Isle, II. Feuilles. 2 L. 10 f.   Covens & Mortier.

de Moscovie les Etats. 1744. 1 L.   le Rouge.

Moscovie par de l'Isle, II. feuilles. 3 L.   de l'Isle.

* *Moscou, Plan de la ville de*, 1771. 2 L.   Lattré.

Moscoviticum Imperium, (*voyez* Russia.)

Mosellæ Fluminis Cursus, seu Electoratus Trevirensis.   Homann.
(*voyez aussi* Rhenus.)

München Territorium, (*Environs de Munich.*) 1743.   Idem.

Münster, seu Episcopatus Monasteriensis Territorium seculare. 1757.   Idem.

N.

Namur, Comitatus. 1746.   Homann.

Naples, *Royaume*, (*voyez* Neapolis.)

de Narbonne le Diocèse, par Mr. de l'Isle. 1 L. 4 f.   Covens & Mortier.

Nassau, Comitatus. 1 L. 10 f.   per Blauw.

Natolia, (*voyez* Asia minor.)

Naumburg & Zeitz, per *J. Georg. Schreiber.* 1732.   Homann.

——— idem.   Seutter.

Neapolis Regni Tabula, (*Naples.*)   Homann.

——— *le même.* 1745. 1 L.   par le Rouge.

——— idem. 1 L. 4 f.   per Dankert.

——— idem. 1 L. 4 f.   per de Witt.

* Neapolis, *Carte del Regno di Napoli da Rizzi Zannoni en IV. très grandes feuilles.* 1769. 14 L.   Lattré.

——— *Plan de la ville de Naples.*   Homann.

Cours du Necker, II. feuilles. 1 L. 10 f. *par Sengre.*

——— idem per Buna (*voyez* * Westerwald.)
(*voyez aussi* Rhenus.)

Neufchatel & Vallangin, par *de l'Isle*.
    1 L. 4 f.   *Covens & Mortier*.
de Nienbourg, *le Plan*. 1757. 1 L. par *le Rouge*.
Nigritie, *Barbarie*, *Guinée*, (*voyez* Barbarie.)
Cours du Nil, (*voyez* Ægyptus.)
de Nifmes le Diocefe, par Gautier. 1 L. 10 f. *Nolin*.
Nordgovia Vetus, per Falckenftein. 1733. Homann.
Nordlingenfis Ager, vulgo Ries. (*voyez* Ries.)
Normandie, par *de l'Isle*.   —   Homann.
———— là même. 2 L.   *Covens & Mortier*.
Norwegiæ Regnum.   Homann.
      (*voyez auffi* Scandinavia.)
Novogorod Gubernium, pars meridionalis &
    feptentr. per Schmidt II. Tabb. 6 L. Acad. Petrop.
Nubie, (*voyez* Ægyptus.)
Nürnberg, *Plan & Environs*, (Norimbergen-
    fis Ager.)   Homann.

O.

Obere Pfalz, (*Haut Palatinat*) (*voyez* Bava-
    riæ Palatinatus.)
Oettingen, Comitatus. 1744.   Homann.
Oldenburg & Delmenhorst, Comitatus per
    Hunrichs. 1761.   Homann.
Onoldinus Marchionatus, (*voyez* Anfpach.)
Oost-See, (*voyez* Suecia.)
Oran, cum Oris maritimis, (*Côtes maritimes*
    d'Oran.) per Gephart. 1732.   Idem.
———— idem.   Seutter.
Orange, *Principauté*, (*voyez* Valentinois.)
Orbis in Tabula, feu Geographiæ univerfæ Re-
    præfentatio fynoptica. II. Tabb.   Homann.
———— idem, ampliori methodo IV. Tabb.
                                                 Homann.
d'Orléaus le Gouvernement, avec *la Table al-
    phabetique des noms des Villes & Villages,
    qui fe trouvent fur cette Carte*, par San-
    fon. 2 L. 10 f.   *Covens & Mortier*.
d'Orléans le Gouvernement, par Rizzi Zannoni.
    1762.   Homann.

Osnabrügg, Episcopatus, per *Tob. Majer.*
    1753.   Homann.
        (*voyez aussi* Münster.)
——— Evêché. 1 L. 10 s.   *Covens & Mortier.*
Ostfriesland, (*Ostfrise,*) Frisia Orientalis. Homann.
——— *la même.* 1 L.   *par le Rouge.*
      (*voyez aussi* Westphalie.)
Ostindien, (*voyez* India Orientalis.)

P.

Paderborn, Episcopatus. 1757.   Homann.
——— idem.   Seutter.
Païs-bas, (*v.* Belgium.)
Palæstina, seu Terra Sancta, per Harenberg.
    1750. (*Terre Sainte.*)   Homann.
——— eadem, per de Witt. 1 L. 4 s. Cov. & Mort.
——— eadem per Sanson. 1 L. Cov. & Mort.
——— eadem per Sanson. II. Tabb. 1 L. 16 s.
                                      Cov. & Mortier.
Palatinatus ad Rhenum, (*Palatinat du Rhin*)
    die Pfalz.   Homann.
Palatinatus Bavariæ, *le haut Palatinat*, (*voyez*
    Bavaria.)
Pappenheim Comitatus.   Idem.
Paraguay, Chili & Detroit de Magellan, par
    de *l'Isle.* 1 L. 4 s.   *Covens & Mortier.*
      (*voyez aussi* Chili.)
de Paris, le Plan. 1739.   Homann.
——— un dit en IV. feuilles jointes. 5 L. Desnos.
——— un dit, decoupé & collé sur toile.
    7 L.   Desnos.
——— un dit. 1770. 3 L. 10 s. Jaillot.
de Paris, les environs, Isle de France &c.
    1 L. 4 s   Desnos.
——— les mêmes, (Parisiensis ager & Pro-
    vincia.)   Homann.
——— les mêmes, par de Fer. 1 L. Denos.
——— les mêmes en IV. feuilles. 4 L. par Nolin.
——— les mêmes avec un Index & des orne-
  ments représentant les vues des Chateaux &c.
    en VII. feuilles. 8 L.   par Nolin.

de Paris la Généralité divisée en ses XXII.
    Elections, IV. feuilles. 5 L.   - Jaillot
Parma & Placentia, Ducatus, (*Parme &*
    Plaisauce.)   Homann.
    (*voyez aussi* Mayland.)
Parme, Plan des Batailles de Parme & de Go-
    lorno en 1734.   Homann.
Patrimonium Petri. 1745.   Homann.
Peloponesus, (*v.* Morea.)
le Perche, (*v.* Maine.)
Perigord, & le Bourdelois, (*v.* Bourdelois.)
Persiæ Imperium.   Homann.
———— idem, per de l'Isle. 1 L. 10 s. Covens &
        Mortier.
    (*voyez aussi* Turquie.)
Peru, Regnum.   Homann.
———— Brasilia & terra Amazonum, per
    de l'Isle. 1 L. 4 s.   Covens & Mortier.
Petersburg, (*Plan de Petersbourg.*)   Homann.
———— le même. 1 L. 4 s.   Ottens.
Pfaltz, (*voyez* Palatinatus.)
Pfaltz, die obere, (*voyez* Bavariæ Palatinatus.)
St. Philippe, Plan de ce Fort, 1756.   Homann.
les Philippines Isles, Carte hydrographique
    par le P. Velarde & Mr. Lowitz. II.
    feuilles. 1760.   *le même.*
Picardie, Généralité d'Amiens & l'Artois,
    par de l'Isle. 1746.   *le même.*
———— la même par de l'Isle. II. feuilles.
    2 L. 10 s.   Covens & Mortier.
Picighitone, Plan de cette Forteresse. 10 s.
Piemont & Montferrat, par de l'Isle. II. feuilles.
    2 L. 10 s.   Cov. & Mortier.
    (*voyez aussi* Savoye.)
Pilsnensis Circulus Bohemiæ. 1769.   Homann.
Pyrmont Comitatus, per Overheide, 1753. Homann.
Plan de la Ville d'Anspach, (*v.* Anspach.)
———— de Berlin, (*v.* Berlin.)
———— de la Bataille de Bredelaer, (*v.* Bredelaer.)
———— de la Ville de Bremen, (*v.* Bremen.)

Plan de la Bataille de Breslau, (voyez Breslau.)
——— de Brisac, (v. Brisac.)
——— de Carlsrouhe, (v. Carlsrouhe.)
——— de Cassel, (v. Cassel.)
——— du Combat de St. Cast. (v. St. Cast.)
——— de Constantinople, (v. Constantinople.)
——— de Copenhague, (v. Copenhagen.)
——— de Corbach, (v. Corbach.)
——— de Cotzemitz, (v. Cotzemitz.)
——— de Danzig, (v. Danzig.)
——— de Douay, (v. Douay.)
——— de Dresde, (v. Dresde.)
——— de Düsseldorp, (v. Düsseldorp.)
——— de Fribourg en Brisgau, (v. Freiburg.)
——— de Ste Genevieve, (v. Genevieve.)
——— de Gueldre, (v. Geldria.)
——— de l'Affaire de Gœrlitz, (v. Gœrlitz.)
——— de Gœttingue, (v. Gœttingue.)
——— de la Haye, (v. Haga Comitum.)
——— de Halle en Saxe, (v. Halle.)
——— de Hameln, (v. Hameln.)
——— de Harbourg, (v. Harbourg.)
——— de la Bataille de Hastenbek, (v. Hastenbeck.)
——— de la Bataille de Gross-Jægerndorf, (v. Jægerndorf.)
——— de la ville de Jena en Saxe, (v. Jena.)
——— de Leipzig, (v. Leipsic.)
——— de la Bataille de Lissa, (v. Lissa.)
——— de Londres, (v. London.)
——— de la Bataille de Lowositz, (v. Lowositz.)
——— de Madrid, (v. Madrid.)
——— de Magdebourg, (v. Magdeburg.)
——— de St. Malo, (v. Malo.)
——— de Mannheim, (v. Mannheim.)
——— de la Bataille de Maxen, (v. Maxen.)
——— du Combat de Meer, (v. Meer.)
——— de Metz, (v. Metz.)
——— de Middelbourg, (v. Middelbourg.)
——— de Moscou, (v. Moscou.)
——— de Naples, (v. Naples.)
——— de Nienbourg, (v. Nienbourg.)

Plan de Paris, (v. Paris.)
——— de Petersbourg, (v. Petersbourg.)
——— du Fort St. Philippe, (v. Philippe.)
——— du Port-Mahon & du Fort St. Philippe, (v. Port.)
——— de Porto-Bello, (v. Porto-Bello.)
——— de la Bataille de Quiſtello & Quaſtalla, (v. Quiſtello.)
——— de Rome, (v. Roma.)
——— de la Bataille de Rosbach, (v. Rosbach.)
——— de Savone, (v. Savone.)
——— de Stockholm, (v. Stockholm.)
——— de Strasbourg & du Fort de Kehl, (v. Strasbourg.)
——— de Tranquebar, (v. Tranquebar.)
——— de la Ville & du Port de Trieſt, (v. Trieſt.)
——— de Valogne, (v. Valogne.)
——— de Weſel, (v. Weſel.)
——— de Vienne, (v. Wienn.)
——— de la Bataille de Zorndorf, (v. Zorndorf.)
——— de la Bataille de Züllichau ou Paltzig, (v. Züllichau.)
Plan général de la victoire remportée ſur les Turcs par la flotte Ruſſe ſous les ordres du Comte d'Orlow le 5 Juillet 1770. IV. feuilles   12 L.
——— le même enluminé ſur papier d'Hollande.   18 L.
Plans & Journaux des Sieges de la derniere guerre de Flandres. 4to. 1750. 10 L. relié 12 L.
Planiglobium, (v. Globus, v. Mappe-Monde.)
Pleſcow & Mohilow Gubernia Ruſſica, per Schmidt. 3 L.   Acad. Petrop.
du Po, Fleuve, le Cours, (Padi Fluminis Curſus,) par Cerruti 1735. II. feuilles.   Homann.
——— le même, II. feuilles. 2 L. par le Rouge.
——— le même par le P. Placide en V. feuilles. 7 L. 10 ſ.
Podolia, (voyez Wallachia.)

Poitou, *la Province & le pays d'Aunis*. 1757.
 1 L.   Jaillot.
Pologne, (*voyez* Polonia.)
Poloniæ Regnum, per *Tob.* Majer. 1750. Homann.
——— idem, 1 L. 4 f.   Ottens.
——— idem, per de l'Isle. 1734. 1 L. 4 f. Schenck.
——— idem, per eundem. 1 L. 4 f. Cov. & Mort.
——— *Carte de Pologne* II. *feuilles.* 2 L. Ottens.
——— *Royaume de Pologne demembré* 1773.
 1 L. 4 f.   le Rouge.
——— *Atlas complet de la Pologne, par Zan-*
 nvni, (*voyez* Atlas.)
——— propria, tanquam regni Polonici pro-
 vincia primaria. 1772.   Homann.
Polonia, *Carte itineraire de Dresde à Warso-*
 vie, Reise-Charte von Dresden nach
 Warschau, 1751.   Homann.
Pomeraniæ Ducatus.   Homann.
——— idem per de Witt. 1 L. 4 f. Covens &
               Mortier.
Pomeraniæ Theatr. Belli. IV. Tabb. 8 L. Acad. Berol.
 (*voyez aussi* Brandenburg.)
Pontus Euxinus, (*v.* Mare Nigrum,) (*v.* Russia
 magna) (*voyez aussi* Asia minor.)
du Port-Mahon, & du Fort St. Philippe le
 Plan, 1756. II. *feuilles.*   Homann.
Porto-Bello, *Plan de Porto-Bello, par Du-*
 rell. 1740.   Homann.
——— le même 1740. 15 f.   Mortier.
Portugalliæ Regnum.   Homann.
Portugallia & Algarbia, per de Witt. 1 L. 4 f.
            Covens & Mortier.
Portugal & Algarve, par Rizzi Zanmoni.
 II. feuilles, 1762. 2 L. 10 f.   Lattré.
——— *le même. II. feuilles.* 3 L.   Jaillot.
——— *le même, Madrid* 1762. 2 L. *par Lopez.*
——— *le même, en* VII. *feuilles, Madrid*
 1762. 14 L.   *par Lopez.*
——— *le Théatre de la guerre en Portugal.*
 1762. 1 L.   *par le Rouge.*

Poſonienſis Comitatus, (*v.* Presburg.)
Prag, Territorium ſeu Circulus, per Müller.
    1742.   Homann.
Presburg, Comitatus Hungariæ, 1757. II.
    Tabb.   Idem.
Preuſſen, Weſt-Preuſſen, (*voyez* Boruſſia occidentalis.)
de Provence le Comté & Gouvernement.   Homann.
——— le même, 1747. 1 L.   par le Rouge.
——— le même, par de l'Isle. 1 L. 4 ſ.   Ottens.
Provinciæ XVII. (Belgium univerſum.) ⎫
——— X. (Païs-bas Catholiques.)   ⎬ (*voyez* Belgium.)
——— VII. fœderatæ (*Provinces unies*.) ⎭
la Pruſſe, (*v.* Boruſſia.)

Q.

Querfurt, Principatus, Præfecturæ Dahme & Jüterbock.   Seutter.
Quiſtello & Quaſtalla, (*Plan de la Bataille.*)
    1735.   Homann.

R.

Ravenſtein, (*voyez* Clivia.)
Reuſs & Plauen, Comitatus, (*v.* Vogtland.)
Rhætia fœderata, (Graubündner-Land,)
    Pays des Griſons, per Walſer.   Seutter.
——— idem. 1768.   Homann.
——— idem, 1724. 1 L. 10 ſ.   Ottens.
Rheni totius Tractus à fontibus ad Oceanum.
    (*Cours du Rhin.*) 1 L. 10 ſ.   per Valck.
* Rheni Curſus ab origine uſque ad oſtium, per *Joh. Frid.* Oettinger. IV. Tabb. 9 L. Seutter.
Rhenus, Theatrum Belli Rhenani, ſeu Curſus totius Rheni.   Homann.
Rhenus, *tout le Cours du Rhin, ou Théatre de la Guerre ſur le Rhin, la Meuſe, la Moſelle & le Neckre. II. feuilles.* 1744.
    2 L.   le Rouge.
Rhenus, Circulus Rhenanus ſuperior.   Homann.
——— idem per de Witt. 1 L. 4 ſ. Cov. & Mort.

Rhenus, Theatrum Belli ad Rhenum superior, cum Ichnographia Munimentorum. 1734.
Homann.

————— Carte de la Campagne du haut Rhin en 1734. par Oettinger. II. feuilles. Seutter.

Rhenus, Circulus Rhenanus inferior. Homann.

————— idem per de Witt. 1 L. 4 f. Cov. & Mort.

Rheni Cursus à Basilea ad Bonnam, III. Tabb. per de l'Isle. Homann.

————— idem. 4 L. 10 f. Covens & Mortier.

Rhenus, Cours du Rhin de Constance à Basle II. feuilles. 1745. 2 L. le Rouge.

————— dit, de Basle à Philippsbourg, ou Carte d'Alsace en V. feuilles par le Rouge, (v. Alsatia.) 5 L.

————— dit, de Philippsbourg à Mayence II. feuilles. 1745. 2 L. le Rouge.

Rhenus, les quatre Electorats du Rhin. IV. feuilles. 4 L. Jaillot.

————— le même par Buna, (v. Westerwald.)

Rheni Cursus, von Speyer bis Maynz. II. Tabb. Homann.

* Rhenus, Carte des pays situés entre le Rhin, la Saare, la Meuse & la Moselle. VI. feuilles. 7 L. 4 f. Jaillot.

* ————— la même Carte en IV. grandes feuilles. 12 L. Covens & Mortier.

* ————— Théatre de la guerre sur le Rhin, la Moselle, le Mein, le Neckre, la Meuse en IV feuilles jointes ensemble. 10 L. Cov. & Mort.

————— Théatre de la guerre sur le Rhin, (voyez aussi Westphalie.)

Rheni, Rhodani, Ticini, Ursæ stamina in summis Alpibus, per Scheuchzer. 1 L. 10 f.
Covens & Mortier.

————— posterioris & Musæ prima stamina, per Scheuchzer. 1 L. 10 f. Iidem.

Rhin, (v. Rhenus.)

Rhodani (Rhône) Progressus per Valesiam, per Scheuchzer. 1 L. 10 f. Iidem.

Rhodanus, (*v. aussi* Rhenus.)
Rhône (*voyez* Rhodanus, *v. aussi* Rhenus.)
Ries, seu Nordlingensis Ager, (*Environs de Nordlingue.*)   Homann.
Riga, Gubernium Russicum per Schmidt. 3 L.
         Acad. Petrop.
Romanie & Bulgarie, (*v.* Bulgarie.)
Romæ Ichnographia, per *Joh. Bapt.* Nolli. IV. Tabb. *beau Plan de la Ville de Rome.* 1755. 6 L.   Homann.
Rossbach, Plan de la Bataille 1757.   *le Ronge.*
Rugiæ Insula & Principatus.   Homann.
Russiæ magnæ pars, Pontus Euxinus, s. Mare Nigrum & Tartaria minor.   Homann.
Russicum Imperium, & Tartaria universa, per Hasium. 1739.   Homann.
———— in Europa & Asia post curas Buschingii III. Tabb. 1769. 6 L. Acad. Berol.
Russicum Imperium cum descriptione synoptica. 1 L. 12 s.   Homann.
* ———— idem per Kirilow. 1734. 5 L.
  (*voyez aussi* Moscovie.) Acad. Petrop.
Russie, nouvelle Carte des decouvertes faites par les Vaisseaux Russes aux Côtes inconnues de l'Amerique Septentrionale, par l'Académie de Petersbourg. 1754. 2 L. 10 s.
        Acad. de Petersbourg.

S.

Sabaudia, (*voyez* Savoye. (*v. aussi* Lombardia.)
Salisburgensis Episcopatus, (Saltzburg.) Homann.
———— le même 1743. 1 L.   le Rouge.
Sardaigne (*v.* Sardinia.) (*v. aussi* Sicilia.)
Sardiniæ Regnum & Insula. 1734.   Homann.
———— le même, 1753. 1 L.   par le Rouge.
———— le même, par Sanson. 1 L.   Mortier.
* Sardinia, Carte chorographique des Etats du Roi de Sardaigne en XII. feuilles, & des Etats de la Republique de Genes. en VIII. feuilles, avec un Index général &

les Remarques nécessaires, par Dury XX.
feuilles. 1765. 33 L.

—————— Carta Corografica degli Stati di S.
M. il Rè di Sardagna data in luce dall'
Ingegnere Borgonio, corretta 1772. XXV.
feuilles. Torino. 45 L.

Savoye, Sabaudiæ Ducatus, Pedemontium
&. Montferrat. Homann.

la Savoye, le Piemont, le Dauphiné &c. VI.
feuilles. 7 L. 4 f. Jaillot.

de Savone, le Plan. par le Rouge.

Saxoniæ Atlas, (Atlas de la Saxe en 50. feuilles, gravées à Amsterdam.) 1757. 60 L. Schenck.

Cet Atlas comprend :

La Carte générale de la Saxe avec les Postes.
Les Baillages de Wittenberg & Græffenhaynichen.
—————— de Belzig.
—————— d'Anniabourg, Pretzsch, Torgau, Schweinitz, Mühlberg.
—————— de Bitterfeld, Dœlitzsch, Zœrbig.
—————— de Liebenwerda, Schlieben.
—————— de Misnie, II. feuilles.
—————— de Grossenhayn.
—————— de Dresde.
—————— de Stolpen, Radeberg, Lausitz.
—————— de Senftenberg.
—————— de Leipsic.
—————— de Wurzen, Eulenbourg, Duben.
—————— de Grimma & Mutzschen.
—————— de Colditz, Leissnig, Rochlitz.
—————— de Borna.
—————— de Pirna, Hohenstein, Lohmen, Dippoldiswalda, Grülenbourg.
—————— d'Augustusbourg, Chemnitz, Sachsenbourg, Franckenberg, Stollberg.
—————— de Penig, Remissa, Rochsbourg, Weichselbourg.
—————— de Merseburg.
—————— de Naumbourg, Zeitz.

Les Baillages de Weiſſenfels.
———— de Freybourg.
———— d'Eckhardtsberga.
———— de Sachſenbourg & Weiſſenſée.
———— de Dahme, Jüterbock, dans la Principauté de Querfurt.
le Camp de Léipſic.
le Cercle des Montagnes en II. Feuilles.
le Cercle de Vogtland, Plauen, Pauſa, Vogtberg.
le Cercle de Neuſtadt.
le Landgraviat de Thuringe.
le Comté de Mansfeld.
le Comté de Stollberg & Hohenſtein.
la Baſſe-Luſace en IV. Feuilles.
les Baillages de Sehleuſingen, Suhla &c.
Carte de la diſtance d'un endroit à l'autre.
Altenbourg & Ronnebourg.
la Principauté d'Anhalt.
———— de Halberſtadt & Quedlinbourg.
le Duché de Magdebourg & Halle.
le Comté de Barby & le Baillage de Gommern.
les Environs de Carlsbad.
la Carte de Hohenſtein & d'Ebersdorf.
le Cercle d'Egra.
la Seigneurie de Tœplitz.

Saxonia ſuperior & inferior per de Witt. II. Tabb. 2 L. 8 ſ.   Ottens.
Saxoniæ ſuperioris Circulus, per Zollmann & Zurner. 1757.   Homann.
Saxoniæ inferioris Circulus.   Homann.
———— idem.   Seutter.
Saxonia inferior, Theatrum Belli in Saxonia inferiori.   Homann.
* Saxoniæ Ducatus, Electoratus & Principatus, per Zollmann. 1731. 2 L.   Idem.
Saxoniæ Circulus Electoralis ſpeciatim, IV. Tabb. 1752.   Idem.
Saxonia, Reiſe-Charte, Carte itiueraire ou des Poſtes de la Saxe. 1752.   Idem.

Saxoniæ fuperioris Ducatus, infimi & medii ævi, per Zollmann, 1732. II. Tabb. Homann.

Saxonia, ganz neue und vollständige Charte von dem Churfürstenthum Sachsen, *ou Carte générale de l'Electorat de Saxe, dreſſée dans les années 1759 à 1763. par Mr. Petri, Major Pruſſien, en XV. feuilles.* 60 L.

――――― ――― *Carte fpéciale de l'Electorat de Saxe, premiere partie, contenant les Environs de Drefde de 4. à 5. milles à la ronde, par Mr. Petri en XII. feuilles.* 48 L.

――――― ――― *de la même Carte la feconde partie, contenant les pays fitués fur les deux rives de l'Elbe, de la Muldau, par Mr. Petri en XII. feuilles.* 48 L.

NB. *Ces trois parties de Cartes ne fe vendent pas feparement.*

Scandinavia, feu Regna Sueciæ, Daniæ, & Norwegiæ. Homann.

――――― eadem, per de l'Isle. II. Tabb. 2 L. 10 f. Covens & Mortier.

――――― *la même.* 1749. 1 L. *par Janvier.*

Scania, feu Gothia Auftralis. Homann.

Schaffhaufen, *Canton de la Suiſſe.* Homann.

Schiffsbau, (*de la Conftruction des Vaiſſeaux,*) deſſelben vollständige Erklärung. Idem.

Schlarraffenland, feu Utopia. Homann.

Schlefien, (*v.* Silefia.)

Schleswig Ducatus. Idem.

――――― idem. Seutter.

Schœnburg, Comitatus Saxoniæ, Penig, Remiſſa. Idem.

――― idem, per *Paul Trenkmann.* 1760. Homann.

Schonen, (*voyez* Scania.)

Schwaben, (*v.* Suevia.)

die Schweitz, (*v.* Helvetia.)

Schwitz, feu Suitens (*Canton de la Suiſſe.*) Seutter.

――――― idem per Walfer. 1767. Homann.

Sclavoniæ Regnum, & Syrmii Ducatus. 1745.
                                          Homann.
    (*voyez aussi* Dalmatia.)
Scotiæ Regnum, (*l'Ecosse*) per Visscher. Homann.
    (v. *aussi* Britunnia Magna.)
———— le même. 1746. 1 L.   *par le Rouge*.
———— idem. 1 L.   per Allard.
See-Flaggen aller Potenzen und Nationen,
    (*Pavillons de toutes les Puissances.*) Homann.
———— dit enluminés en couleurs fines. 2 L.
                                          Homann.
Sénégal, ou Afrique françoise, (v. Afrique.)
Serviæ & Bosniæ Regnum. II. Tabb. 1 L. Homann.
les Sévennes, le Languedoc, le Bas-Vivarais,
    Diocése de Montpellier. II. feuilles.
    2 L. 10 s.   *Cov. & Mortier*.
———— les mêmes. 12 s.   *par de Fer*.
Siciliæ Regnum. 1 L.   Visscher.
———— idem.   Seutter.
———— idem, 1747.   Homann.
Sicilia, Sardinia, Corsica, Malta. 1762. Homann.
Siebenbürgen, (v. Transylvania.)
Silesia superior, (*Haute Silesie*,) per Hasium.
    1746.   Idem.
———— inferior, (*Basse Silesie*,) per Hasium.
    1746.   Idem.
———— Septentrionalis & Meridionalis. II.
    Tabb. (*la belle Carte de la Silesie.*) 12 L.
                                  Covens & Mortier.
Silesia. 1 L. 4 s.   per Schenck.
Silesiæ Ducatus Tabula generalis, per *Tob.*
    Majer. 1749.   Homann.
* Silesiæ Atlas, XX. Tabb. (*Atlas de la Silesie, en XX. feuilles de très grand format.*) 30 L.   Homann.
Sina, Regnum, (*l'Empire de la Chine.*) Seutter.
———— idem, per Hasium.   Homann.
Systema mundi Tychonicum.   Homann.
———— idem Copernicanum.   Idem.
Systema Solare & Planetarum.   Idem

Smolensk, Gubernium Ruſſicum per Schmidt.
   3 L.   Acad. Petrop.
Soleure, Canton, (*voyez* Solothurn.)
Solms, Comitatus, (*v.* Hanau.
Sologne, Beauce, Gatinois. (*v.* Beauce.)
Solothurn, Canton, per Walſer. 1766.   Homann.
la Souabe, (*v.* Suevia.)
Speier, Epiſcopatus Spirenſis per Blœdner.
   1753.   Homann.
Spire, les Environs de, (*v.* Bade.)
Status Eccleſiaſticus, (*v.* Toſcana.)
Stiriæ Ducatus, (Steyermark) per Viſſcher. Homann.
———— idem,   Seutter.
———— *le même*, 1742.   1 L.   *par le Rouge.*
Stockholm, Plan.   Homann.
Stollberg, Comitatus.   Homann.
———— idem.   Seutter.
Strasburg & Fortalitium Kehl. (*Plan de Strasbourg & Kehl.*   Homann.
———— *le même de* 1726.   8 ſ.
———— *le même de* 1680.   8 ſ.
   Ces deux derniers ſont de l'Hiſtoire d'Alſace.
Strasburg Territorium, ſ. Chorographia. (*Environs de Strasbourg.*)   Seutter.
Suabe, (*v.* Suevia.)
Sueciæ Regnum.   Homann.
   (*v. auſſi* Scandinavia.)
Sueciæ Regni diverſæ Provinciæ (*les diverſes Provinces du Royaume de Suede, publiées à Stockholm, par ordre du Roi en VI. feuilles.*   12 L.
Sueviæ Circulus, (*la Suabe,*) per Haſium.
   1743.   1 L.   Homann.
Suevia univerſa, per Michal. IX. Tabb.
   15 L.   Seutter.
———— idem, per *Joh. Lambert.* Kolleffel.
   VIII. Tæbb. 8 L.   Pfeffel.
Suevia, *Carte de la Suabe ou premiere feuille du Cours du Danube.* 1740. 1 L. *par le Rouge.*
———— *partie ſeptentrionale de la Suabe par de l'Isle.*   15 ſ.   Ottens.

Suevia, (*voyez aussi* Danubius.)
la Suisse, (*v.* Helvetia.) Homann.
Sundaische Eilanden, *Isles de Sunda*, per Tirion. 1 L.

T.

Tableau du Pair des Monnoies & des Changes des principales Villes de l'Europe, par Mr. Lefaucheur & Eberts. 6 L. Lattré.
Tartaria Sinensis, per *Tob.* Majer. 1749. II. Tabb. Homann.
Tartaria Magna per de l'Isle. 1 L. 4 f Cov. & Mort.
——— idem. Homann.
(*voyez aussi* Russia.)
Tartaria Nogaya Europæa, (*v.* Crimée.)
Terra Sancta, (*v.* Palæstina.)
Teschen, Ducatus, in Silesia superiori. Seutter.
Teutschland, (*v.* Germania.)
* *Théatre de la guerre en Allemagne entre la France & la Grande Bretagne des années 1757 à 1763.* dessiné par Mr. le Général Bauer, sous les ordres de Mgr. le Prince Ferdinand de Brounsvic, renfermant les pays de Hannovre, de la Westphalie, de la Basse-Saxe, du Bas-Rhin, de Hesse &c. en VI. grandes feuilles. 1769. 36 L. Gosse.
Théatre de la Guerre en Allemagne, ou Atlas topographique & militaire de la Guerre de 1756. &c. par Julien. (*v.* Atlas.)
Theatrum Belli, ab obitu Caroli VI. ad pacem Dresdensem 1745. in Bohemia, Germania, Belgio, per Krauss. II. Tabb. 1748. (*Théatre de la Guerre depuis la mort de Charles VI. jusqu'à la paix de Dresde en 1745. avec la marche des Armées.*) Homann.
Thessalia, (*voyez* Græcia septentrionalis.)
Thuringiæ pars Orientalis, per Zollmann. 1747. Homann.

Thuringiæ pars Occidentalis, *ou le Duché de Weimar*, II. Tabb.   Homann.
———— Landgraviatus.   Idem.
———— idem.   Seutter.
Tirol, Comitatus.   Homann.
———— *le même* 1742. 1 L.   *par le Rouge*.
Tirol pars meridionalis, (*voyez* Trident.)
Tyrolensis Atlas per *Petr.* Anich & *Blas.*
  Hueber XXI. Tabb. absolutus. *Viennæ*
  1773.   24 L.   Mansfeld.
Toggenburg, per Scheuchzer. 1 L. 10 f.   Covens
              & Mortier.
Toscana, magnus Ducatus ac Status Ecclesia-
  sticus, per *Tob.* Majer, 1748. (*Grand*
  Duché de Toscane & Etats de l'Église.) Homann.
de Toul, *le Diocèse, par de l'Isle.* 1 L. 4 f.
           Covens & Mortier.
Touraine & Anjou, (*v.* Anjou.)
Tranquebar, Plan & Environs. III. *feuilles.* Seutter.
Transylvaniæ Principatus, (Siebenbürgen.) Homann.
———— idem.   Seutter.
———— idem, Moldau, Wallachey, Bulga-
  ria.   Seutter.
Trente, Évêché, (*voyez* Trident.)
Trèves, (*v.* Trier.)
Trevirensis Electoratus, (*v.* Mosella.)
    (*voyez aussi* Trier.)
Tridentinus Episcopatus, seu Tirolis pars me-
  ridionalis, per Spergs. 1771.   Homann.
Trier, (*Trèves,*) seu Trevirensis Electoratus,
  per de Witt. 1 L. 4 f.   Covens & Mortier.
———— *le même avec la Table Alphabetique*
  des Villes & Villages, III. *Feuilles.*
  3 L. 12 f.   Ottens.
    (*voyez aussi* Mosella.)
Triest, Urbs & Portus, (*Plan de la Ville &*
  du Port de Triest.)   Seutter.
Turcia Asiatica, *Turquie Asiatique* 1771. Homann.
Turcia Europæa, *Etats de l'Empire des Turcs*
  en Europe. 1 L. 10 f.   Jaillot.

Turcia Europæa, II. Tabb. (*Etats de l'Empire des Turcs en Europe.*) 3 L. 12 f.
        Covens & Mortier.
(*voyez auffi* Danubius, *v.* Græcia.)
Turcicum Imperium in Europa, Afia, Africa.
            Homann.
―――― idem.   Probft.
―――― idem. 1 L. 10 f.   Viffcher.
Turquie, Arabie & Perfe, par de l'Isle.
 1 L. 4 f.   Covens & Mortier.
――――― *la même par de l'Isle.* 1770. 1 L. 10 f.
            Buache.
Turgau, Landgraviatus, *la Turgovie avec le Lac de Conftance par Rizzi Zannoni.* 1766.   Homann.

V.

le Valais, (*voyez* Vallefia.)
le Valentinois, le Comtat Venaiffin, Principauté d'Orange, par de l'Isle. 2 L.
         Covens & Mortier.
Vallefia, Wallis, *le Valais,* per Walfer 1768.
            Homann.
Valogne, le Plan de, 1767. 1 L. le Rouge.
Vederovia, (*voyez* Wetterau.)
Venaiffin, le Comté. 1 L.   le Rouge.
  (*voyez auffi* Valentinois.)
Venedig, (*Etats de Venife,*) Dominium Venetum.   Homann.
――――― idem, per de Witt. 1 L. 4 f. Cov. & Mort.
Venife, (*v.* Venedig.)
Verden, (*v.* Bremen.)
Vienne, (*v.* Wienn.)
Virginia, Maryland & Carolina. Homann.
Ukrania, & Terra Cofaccorum.   Idem.
Ulmenfe Territorium, (*Territoire d'Ulm en Suabe,*) per Lautterbach. Homann.
Unterwalden, Canton, per Walfer. 1767.
            Homann.

D

Vogtland, seu Comitatus Reuss & Plauen. Homann.
Upländische Scheeren & Stockholmiense Territorium. Idem.
Uri, Canton, per Walser. 1768. Homann.
Ursæ Fluvii primi fontes, per Scheuchzer.
 1 L. 10 s. Covens & Mortier.
Usbeck, & Mare Caspium, per *A*. Maas.
 1735. Homann.
Utopia, (*voyez* Schlarraffenland.)
Utrecht, (Ultrajectinum Dominium,) per
 de Witt. 1 L. 4 s. Covens & Mortier.

W.

Waldeck Principatus. 1733. Homann.
 (*voyez aussi* Hassia inferior.
Wallachia, Moldavia, Bessarabia, Podolia
 1769. Homann.
 (*voyez aussi* Moldavia & Transylvania.)
Wallis, *le Valais*; (*v*. Vallesia.)
Warmiensis Episcopatus, (*v*. Borussia Acad. Berol.)
Weimar, Principatus, (*v*. Thuringia,)
Weissenfels, Præfectura Saxoniæ. Seutter.
de *Wesel*, *le Plan*, 1757. 1 L. *par le Rouge*.
* Westerwald, seu Rheni superioris pars inferior, complectens IV. Electoratus Rheni, Cursum Neckeri, Lotharingiam, Ducatum Bipontinum, Palatinatum &c. per
 Buna, VI. Tabb. 16 L. Brœnner.
 (*voyez aussi* Necker.)
Westphaliæ Circulus, (*Cercle de Westphalie*,)
 1761. Homann.
——— idem. 1 L. 10 s. Ottens.
——— idem. Seutter.
——— idem, per de Witt. 1 L. 4 s. Covens & Mortier.
Westphaliæ Ducatus, per Zittart. 1757. Homann.
——— idem. Seutter.
Westphalie, *Théatre de la Guerre sur le Rhin*,
 contenant la Hesse, *la Westphalie*, *le pays*

d'*Hannovre & les pays situés sur le Bas-Rhin*, 1761. *en XII. demi feuilles.* 6 L. Julien.

——— *Basse Westphalie & Principauté d'Ost-Frise. II. Feuilles.* 1 L. 10 f. Julien.

West-Preussen, (*voyez* Borussia Occidentalis.)

Wetterau, (Vederovia.)   Seutter.

——— idem.   Homann.

   (*voyez aussi* Hanau, Hassia superior, Westerwald.)

Wienn Territorium, (*Environs de Vienne*,) per Visscher. 1748.   Idem.

——— *Environs de Vienne.* 1762. 4 L. *par Cassini.*

——— *Plan de Vienne.*   Homann.

Windsheim Territorium, in Franconia. 1760.   Homann.

Wittenberg & Græffenhaynichen, Præfecturæ Saxoniæ.   Seutter.

Wittenbergense Consistorium, (*Diocese de Wittemberg*,) per Vierenklee. 1749. Homann.

Wormbs Episcopatus, (Wormatia.) 1752. Idem.

Würtemberg, Ducatus.   Seutter.

——— idem. 1 L.   Schenck.

——— idem, per Mayer. II. Tabb. Homann.

Würtzburg Episcopatus, (Herbipolis.) Seutter.

——— idem.   Homann.

Wurtzen, Eulenburg, Duben, Præfecturæ Saxoniæ.   Seutter.

Z.

Zeelandiæ Comitatus.   Seutter.

——— *Comté de Zeelande*, 1747. 1 L. *par le Rouge.*

——— *le même, en IX. feuilles.* 1748. 9 L.   *par le même.*

Zorndorf, *Plan de la Bataille de Zorndorf*, 1758. 10 f.   *par le même.*

Zug, Canton, per Walser. 1768.   Homann.

Züllichau, *Plan de la Bataille de Züllichau ou Paltzig*, 1759.   *par le Rouge.*

Zürich, *Canton de la Suisse*, (Tigurum.) Seutter.

——— idem, per Walser 1765.   Homann.

CARTES PUBLIÉES PAR L'ACADÉMIE DE BERLIN,

detaillées en leur ordre alphabétique.

Amérique septentrionale. II. feuilles.	4 L.
Atlas de la Marine. XII. feuilles.	18 L.
Plan de Berlin.	7 L. 4 f.
Carte de l'Empire d'Allemagne avec les Postes.	6 L.
Hemisphere septentrional & méridional. II. f.	4 L.
la Basse Hesse. IV. feuilles.	7 L. 4 f.
Duché de Lauenbourg.	2 L.
le Mecklenbourg. IV. feuilles.	8 L.
la Poméranie. IV. feuilles.	8 L.
Royaume de Prusse. VI. feuilles.	12 L.
la Russie. III. feuilles.	6 L.

CARTES PUBLIÉES PAR L'ACADÉMIE DE PETERSBOURG,

detaillées en leur ordre alphabétique.

l'Atlas de Russie. XX. feuilles.	36 L.
Mer Caspienne.	1 L. 10 f.
la Crimée par Schmidt.	3 L.
l'Ingrie. VII. feuilles.	12 L.
la Moldavie & Wallachie par Schmidt.	3 L.
Novogorod par Schmidt. II. feuilles.	6 L.
Pleskow & Mohilow par Schmidt.	3 L.
Riga par Schmidt.	3 L.
l'Empire de Russie.	5 L.
la Carte des Découvertes des Russes aux Côtes de l'Amérique septentrionale.	2 L. 10 f.
Smolensk par Schmidt.	3 L.

CARTES PUBLIÉES par Mr. D'ANVILLE.

a) pour la Geographie moderne.

Egypte, ou Missir II. feuilles 1765.	2 L. 10 f.
Afrique II. feuilles doubles 1749.	5 L. 10 f.

(53)

* Amérique méridionale III. feuilles 1743. 6 L.
* Amérique septentrionale II. feuilles 1746. 5 L. 10 f.
* Asie en III. parties & en VI. feuilles 1757. 14 L.
* Canada, Louisiane & Terres Angloises IV. feuilles 1755. 8 L.
* Carte de la Mer Caspienne. 1 L. 10 f.
* Coromandel II. feuilles 1758. 4 L.
* Europe en III. parties & en VI. feuilles 1754. 16 L.
* Hemisphere Oriental & Occidental en II. grandes feuilles. 6 L.
* les Côtes de la Grece & l'Archipel 1756. avec un Mémoire imprimé. 4 L.
* Indes Orientales, Carte dressée pour la Compagnie des Indes II. feuilles. 6 L.
* Italie en II. feuilles 1743. 4 L.
* Louisiane en II. feuilles 1752. 2 L. 10 f.
Mer rouge, ou Golfe Arabique 1765. 2 L. 10 f.

b) Pour la Geographie ancienne.

Ægyptus antiqua 1765. 1 L. 10 f.
Asia minor & Syria 1764. 2 L. 10 f.
Gallia antiqua 1760. 2 L. 10 f.
Germanie, France, Italie, Espagne, Isles Britanniques dans un âge intermédiaire de l'ancienne Géographie & de la moderne 1771. 1 L. 16 f.
Græcia antiqua 1762. 2 L. 10 f.
Italia antiqua 1764. 2 L. 10 f.
Orbis Romanus pars Orientalis & Occidentalis II. Tabb. 1763. 1764. 5 L.
Orbis Veteribus notus 1763. 2 L. 10 f.
Palæstina 1767. 2 L.
Les mêmes Cartes en petit format, pour être mises dans les trois Volumes de sa Géographie ancienne. 4 L. 10 f.
Recueil de douze Cartes faites par Mr. d'Anville pour l'intelligence de l'Histoire ancienne de Rollin, broché. 7 L.

Autre Collection de Cartes de la Géographie ancienne pour l'intelligence des Auteurs classiques.

Nota. Le prix de ces Cartes est à *Trente Sols* la feuille.

Anmerkung. *Der Preis dieser Charten ist* Dreyssig Sols *das Blatt.*

Ægyptus antiqua, per Sanson.
Africa vetus.
Alexandri Magni Expeditiones, per du Val.
Asia vetus, per Sanson.
Atlantis Insula, seu America vetus, per Sanson.
Baltia, seu Scandia, Finningia &c.
Belgica antiqua.
Britannicæ Insulæ.
Europa vetus.
Gallia antiqua.
Gallia Cisalpina, seu Italia Gallica.
Geographia sacra Veteris & Novi Testamenti, per Sanson.
Germania antiqua, per Sanson.
Græcia antiqua.
Hispania antiqua.
Illyricum Occidentis } per Sanson.
Illyricum Orientis.
Imperii Romani pars Occidentalis.
Imperii Romani pars Orientalis.
Imperii Romani Provinciæ & Urbes municipales, per de l'Isle.

} Covens & Mortier.

India vetus, & Perſarum ſeu Parthorum Imperium, per Sanſon. } Covens
Italia antiqua, per Sanſon.
Iter Decies mille Græcorum. } &
Latium vetus.
Orbis vetus, per Sanſon. } Mortier.
Orbis antiqui pars Occidentalis. van der Aa.
——— ——— pars Orientalis, per Sanſon
& Cellarium. Idem.
Pontus Euxinus, per Sanſon.
Res Romanæ ex Julio Cæſare, par du Val.
Sicilia Antiqua. } Covens
Theatrum Hiſtoricum, pars Orientalis, per de l'Isle.
——— idem, pars Occidentalis. } &
——— idem, *Remarques ſur ces deux Cartes.* } Mortier.
Thracia vetus.
Tuſcia antiqua.

Kœhleri Deſcriptio Orbis antiqui, XLV.
Mappis Geographicis abſoluta. *Norim-
berga.* 16 Livres.

www.ingramcontent.com/pod-product-compliance
Lightning Source LLC
LaVergne TN
LVHW050305090426
835511LV00039B/1485